Über dieses Buch Den dritten und letzten Band seiner Lebensgeschichte verfaßte Gorki 1922, also gut zehn Jahre später als die Erinnerungen an die Kindheit und die frühen Jugendjahre in Nishnij Nowgorod. Nicht ohne Ironie gab Gorki dem letzten Band seiner autobiographischen Bekenntnisse, der die für seine politische und künstlerische Entwicklung so entscheidenden Jahre von 1885 bis 1888 behandelt, den Titel ›Meine Universitäten‹. Dieser Roman gilt als das erste bedeutende Werk des Autors in sowjetischer Zeit.

Auf der Suche nach einem neuen Leben kommt der nunmehr siebzehnjährige Alexej nach Kasan, um dort die Universität zu besuchen. Unterkunft findet er in einer Herberge, die mit hungrigen Studenten und Prostituierten, mit »Landstreichern und Spitzbuben aller Art« bevölkert ist. Kontakte zur politischen Studentenschaft ziehen Alexej mitten hinein in den Kampf der russischen Intelligenz. Doch die überwiegend dem Kleinbürgertum verhafteten Revolutionäre enttäuschen ihn in ihrer Unkenntnis der wirklichen Bedürfnisse des Proletariats. Innere und äußere Spannungen, das Scheitern seiner Bemühungen um Bildung sowie eine unglückliche Liebesgeschichte führen zu einem Selbstmordversuch. Nach seiner Genesung zieht sich Alexej als Nachtwächter auf eine entlegene Eisenbahnstation zurück. Hier beginnt er mit ersten literarischen Versuchen.

Der Autor Maxim Gorki, 1868 in Nishnij Nowgorod geboren, starb 1936 in Moskau. In jüngeren Jahren führte er ein unstetes Wanderleben mit wechselnden Berufen, das ihn Anfang der 90er Jahre des vorigen Jahrhunderts durch das Wolgagebiet, die Ukraine, die Krim und den Kaukasus führte. 1906 reiste Gorki nach Amerika und lebte danach jahrelang in Westeuropa, vor allem auf Capri. Maxim Gorki gehört zu den bedeutendsten russischen Schriftstellern. Er war mit Lenin befreundet und schrieb zahlreiche Erzählungen, Dramen und Romane. Sein Hauptwerk ›Klim Samgin‹ gilt als Schlüsselroman für das Verständnis des modernen Rußland.

Im Fischer Taschenbuch Verlag sind erschienen: ›Meine Kindheit‹ (Bd. 9586), ›Unter fremden Menschen‹ (Bd. 9588), ›Italienische Märchen‹ (Bd. 9181), ›Erzählungen aus dem alten Rußland‹ (Bd. 9294) und ›Unbekannte Erzählungen‹ (Bd. 9245).

Maxim Gorki

Meine Universitäten

Aus dem Russischen von
Georg Schwarz

Mit einem Nachwort von
Gisela Erbslöh

Fischer Taschenbuch Verlag

Ungekürzte Ausgabe
Veröffentlicht im Fischer Taschenbuch Verlag GmbH
Frankfurt am Main, April 1991

Lizenzausgabe mit freundlicher Genehmigung
des Winkler Verlags, München
›Meine Universitäten‹ aus:
Maxim Gorki, Autobiographische Romane
Winkler Verlag, München 1972
Für das Nachwort von Gisela Erbslöh:

Umschlaggestaltung: Buchholz / Hinsch / Hensinger
Umschlagabbildung: Aristarch Lentulow, ›Basilius-Kathedrale‹, 1913
Trentjakow-Galerie, Moskau
Druck und Bindung: Clausen & Bosse, Leck
Printed in Germany
ISBN 3-596-29587-4

MEINE UNIVERSITÄTEN

Ich fahre also nach Kasan, um an der Universität zu studieren – nicht mehr und nicht weniger.

Den Gedanken an die Universität hatte mir der Gymnasiast N. Jewrejinow eingegeben, ein netter junger Mann von angenehmem Äußeren, mit freundlichen Mädchenaugen. Er wohnte in einer Dachkammer im selben Hause wie ich und sah mich öfter mit einem Buch in der Hand; das weckte sein Interesse, wir wurden miteinander bekannt, und Jewrejinow begann mir einzureden, ich besäße »außerordentliche Anlagen für die Wissenschaft«.

»Sie sind von Natur für den Dienst an der Wissenschaft geschaffen«, meinte er und warf mit schöner Gebärde die lange Mähne zurück.

Ich wußte damals noch nicht, daß man der Wissenschaft auch als Kaninchen Dienste erweisen kann, und Jewrejinow bewies so geschickt, eben Burschen wie mich brauche man an den Universitäten. Natürlich wurde auch der Schatten Michail Lomonossows bemüht. Jewrejinow bot mir an, ich könne in Kasan bei ihm wohnen, im Laufe des Herbstes und Winters einen Gymnasialkurs absolvieren, »gewisse« Examina ablegen – geradeso nannte er das: »gewisse« –, an der Universität ein staatliches Stipendium erhalten und in fünf Jahren »Gelehrter« sein. Alles erschien ganz einfach, weil Jewrejinow neunzehn Jahre alt und sehr gutmütig war.

Er legte seine Prüfungen ab und fuhr fort, ich folgte ihm zwei Wochen später.

Die Großmutter gab mir das Geleit und riet: »Du mußt den Menschen nicht zürnen, du ärgerst dich immerfort über sie, bist hart und anmaßend geworden! Das hast du vom Großvater, aber wie weit hat er es denn gebracht? Da hat er gelebt und gelebt und ist zuletzt der Dumme, ein verbitterter alter Mann! Denk stets daran: Nicht Gott richtet die Menschen – das ist des Teufels Lust! Nun, leb wohl . . .«

Sie wischte sich ein paar Tränen von ihren braunen welken Wangen und sagte: »Wir werden uns wohl nicht wiedersehen, du unruhiger Geist fährst irgendwohin weit weg, und ich werde – sterben ...«

Ich hatte mich in der letzten Zeit der lieben Alten entfremdet, ja sie nur selten gesehen, und nun plötzlich überkam mich das schmerzliche Gefühl, ich würde nie wieder einem Menschen begegnen, der mir so fest verbunden, so innig ans Herz gewachsen ist.

Ich stand am Heck des Dampfers und sah, wie sie sich drüben, am Geländer der Anlegebrücke, mit einer Hand bekreuzigte, während die andere mit einem Zipfel des alten Schals übers Gesicht, über die dunklen Augen wischte, aus denen unerschöpfliche Liebe zu den Menschen leuchtete.

Und nun war ich in der halbtatarischen Stadt, in einer engen kleinen Wohnung in einem einstöckigen Haus. Es stand einsam auf einer Anhöhe am Ende einer engen, ärmlichen Straße und grenzte auf der einen Seite an eine verlassene Brandstätte; auf der Brandstätte wucherte dichtes Unkraut. Aus dem Gestrüpp von Wermut, Klette und Sauerampfer ragten zwischen Holunderbüschen die Ruinen eines Ziegelgebäudes empor, darunter befand sich ein geräumiger Keller, herrenlose Hunde lebten und krepierten in ihm. Ich kann mich gut an diesen Keller erinnern, war er doch eine meiner Universitäten.

Jewrejinows – die Mutter mit ihren zwei Söhnen – lebten von einer armseligen Pension. Ich bemerkte gleich in den ersten Tagen, mit welchem tragischen Kummer die grauhaarige kleine Witwe, nachdem sie vom Markt zurückgekehrt war und ihre Einkäufe auf dem Küchentisch ausgebreitet hatte, die schwierige Aufgabe zu lösen suchte, wie man aus einigen kleinen Stücken von minderwertigem Fleisch eine ausreichende Menge guter Nahrung für drei gesunde Burschen bereiten könne, sie selbst nicht einmal mitgerechnet.

Sie war wortkarg; in ihren grauen Augen schien der hoffnungslose, sanfte Eigensinn eines Pferdes erstarrt, das alle seine Kräfte verbraucht hat – da zieht so ein Pferdchen die Fuhre bergan und weiß, daß es sie nicht schafft, aber es zieht sie!

Etwa drei Tage nach meiner Ankunft, morgens, als ihre Söhne

noch schliefen, während ich in der Küche beim Gemüseputzen half, fragte sie mich leise und behutsam: »Wozu sind Sie hergekommen?«

»Ich will studieren, an der Universität.«

Ihre Brauen gingen zugleich mit der gelblichen Stirnhaut hoch, sie schnitt sich in den Finger, ließ sich auf einen Stuhl fallen und sog das Blut aus, sprang aber gleich wieder auf und sagte: »Teufel auch . . .«

Sie verband den verletzten Finger mit dem Taschentuch und lobte mich: »Aufs Kartoffelschälen verstehen Sie sich.«

Wie sollte ich auch nicht! Und ich erzählte ihr von meiner Arbeit auf dem Dampfer.

Sie fragte mich: »Sie meinen – das genügt, um an die Universität zu kommen?«

Damals verstand ich nicht viel Spaß. Ich nahm ihre Frage ernst und setzte ihr den Operationsplan auseinander, der mir das Tor zum Tempel der Wissenschaft öffnen sollte.

Sie seufzte: »Ach, Nikolai, Nikolai . . .«

Er trat in dem Augenblick in die Küche, um sich zu waschen – verschlafen, zerzaust und wie immer guter Dinge.

»Mama, wär nicht schlecht, heute Pelmeni zu machen!«

»Ja, sicher«, pflichtete ihm die Mutter bei.

Ich wollte mit meinen Kenntnissen in der Kochkunst glänzen und sagte, das Fleisch sei für Pelmeni nicht gut genug und würde auch nicht reichen.

Hier wurde Warwara Iwanowna böse und schleuderte mir ein paar so kräftige Ausdrücke ins Gesicht, daß meine Ohren rot anliefen und immer länger wurden. Sie warf ein Bund Mohrrüben auf den Tisch und verließ die Küche, während Nikolai mir zublinzelte und ihr Verhalten mit den Worten erklärte: »Hat eben schlechte Laune . . .«

Er setzte sich auf die Bank und belehrte mich, Frauen seien überhaupt nervöser als Männer, das liege in ihrer Natur und sei von einem bedeutenden Gelehrten, er glaube, einem Schweizer, unwiderlegbar bewiesen. Auch John Stuart Mill, ein Engländer, habe einiges darüber gesagt.

Nikolai gefiel sich darin, mich aufzuklären, und nahm jede passende Gelegenheit wahr, mir etwas Unentbehrliches, ohne das man nicht leben könne, einzutrichtern. Ich hörte ihm begierig zu, doch dann verschmolzen mir Foucault, La Rochefoucauld und La Rochejaquelein zu einer Person, und ich konnte mich nicht mehr erinnern, wer wem den Kopf abgehackt hatte – der Lavoisier dem Dumouriez oder umgekehrt. Der gute Junge hatte den ehrlichen Wunsch, »einen Menschen aus mir zu machen«, und sagte es mir auch fest zu, aber es fehlte ihm die Zeit, um sich ernstlich mit mir zu beschäftigen, und auch sonst waren die Verhältnisse nicht dazu angetan. Der Egoismus und Leichtsinn der Jugend ließen ihn übersehen, mit welcher Anspannung ihrer Kräfte, mit wieviel List die Mutter den Haushalt führte. Noch weniger fühlte das sein Bruder, ein schwerfälliger, schweigsamer Gymnasiast. Mir waren die komplizierten Tricks der Küchenchemie und -ökonomik längst in allen Einzelheiten bekannt. Ich sah die Wendigkeit der Frau sehr wohl, die jeden Tag die Mägen ihrer Kinder betrügen und einen hergelaufenen Burschen von unangenehmem Äußeren und schlechten Manieren durchfüttern mußte. Natürlich legte sich jeder Bissen Brot, der auf mich entfiel, wie ein Stein auf mein Herz. Ich machte mich auf die Suche nach Arbeit. Ich ging gleich morgens aus dem Haus, um nicht beim Mittagessen dabeizusein, oder hielt mich bei schlechtem Wetter auf der Brandstätte, im Keller, auf. Während ich dort beim Rauschen des Regens und Seufzen des Windes den Geruch der Hunde- und Katzenkadaver spürte, wurde mir bald klar, daß die Universität ein Hirngespinst war und ich besser daran getan hätte, nach Persien zu fahren. Dabei hatte ich mich schon als grauhaarigen Zauberer gesehen, der eine Methode, Getreidekörner von der Größe eines Apfels und ein Pud schwere Kartoffeln zu erzeugen, und auch sonst allerlei Wohltaten für unsere Erde ersonnen hat, auf der zu wandeln so verteufelt schwer war – nicht nur für mich.

Ich hatte bereits gelernt, von ungewöhnlichen Abenteuern und großen Taten zu träumen. Das kam mir in schweren Tagen sehr zu Hilfe, und da es in meinem Leben viele schwere Tage gab, verlegte ich mich immer mehr aufs Träumen. Ich erwartete keine Hilfe von außen und hoffte auf keinen glücklichen Zufall, allmählich jedoch entwickelte sich ein hartnäckiger Wille in mir. Je schwieriger die Lebensumstände wurden, desto stärker und sogar klüger fühlte ich mich. Ich begriff schon sehr früh, daß den Menschen sein Widerstand gegen die Umwelt formt.

Um nicht zu hungern, ging ich hinunter zu den Anlagebrücken an der Wolga, wo man mit Leichtigkeit fünfzehn bis zwanzig Kopeken verdienen konnte. Dort, unter den Schauerleuten, Barfüßlern und Spitzbuben, fühlte ich mich wie ein Stück Eisen, das man in glühende Kohlen schiebt – jeder Tag sättigte mich mit einer Fülle von starken, erregenden Eindrücken. Dort wirbelten Menschen mit unverhohlener Lebensgier, Menschen mit groben Instinkten vor mir umher; ihr Zorn gegen das Leben, ihr spöttisch-feindseliges Verhalten zu allem auf der Welt, ihre Sorglosigkeit gegen sich selbst gefielen mir. Alles, was ich persönlich erlebt hatte, zog mich zu diesen Menschen und weckte in mir den Wunsch, in ihre zersetzende Umwelt einzugehen. Bret Harte und eine Unmenge gelesener Boulevardromane vertieften meine Sympathie für dieses Milieu noch mehr.

Der berufsmäßige Dieb Baschkin, einst Zögling eines Lehrerseminars, ein erbarmungslos vom Schicksal geschlagener, schwindsüchtiger Mann, drang beredt auf mich ein: »Was zierst du dich wie ein Mädchen, das seine Ehre zu verlieren fürchtet? Für ein Mädchen ist die Ehre alles, für dich ist sie nur eine Bürde. Ist ein Ochse brav und treu, hat er nichts zu fressen als Heu.«

Der rothaarige, glatt wie ein Schauspieler rasierte Baschkin erinnerte mit den gewandten, weichen Bewegungen seines kleinen Körpers an eine junge Katze. Mir gegenüber verhielt er sich wie ein Lehrer und Gönner. Ich sah, daß er mir von Herzen Glück und Erfolg wünschte. Er war sehr klug und hatte nicht wenig gute Bücher gelesen; am besten gefiel ihm »Der Graf von Monte Christo«.

»Das Buch hat einen Sinn und zugleich Herz«, sagte er.

Er liebte die Frauen und erzählte mit genießerischem Schmatzen, mit Begeisterung, mit einem Zucken des zerschundenen Körpers von ihnen. In diesem Zucken war etwas Krankhaftes, es rief ein widerwärtiges Gefühl in mir hervor. Ich hörte seinen Reden jedoch aufmerksam zu – ich fühlte ihre Schönheit.

»Das Weib, das Weib!« schwärmte er in singendem Tonfall, Röte überzog seine gelbe Haut, die dunklen Augen leuchteten verzückt. »Um eines Weibes willen bin ich zu allem bereit. Es gibt für sie – wie für den Teufel – keine Sünde! Lebe und liebe, was Besseres läßt sich nicht finden!«

Er konnte prächtig erzählen und verfaßte mit Leichtigkeit für die Prostituierten rührende Lieder vom Leid der unglücklichen Liebe; man sang sie in allen Wolgastädten. Unter anderem stammte auch das weitverbreitete Liedchen von ihm:

Häßlich bin ich, arm bin ich
Und auch schlecht gekleidet,
Niemand findet sich, der mich
Zum Altar begleitet!

Gut behandelte mich auch der dunkle Ehrenmann Trussow. Er war schön gewachsen und stutzerhaft gekleidet und hatte zarte Musikantenfinger. In der Vorstadt Admiraltejskaja unterhielt er einen kleinen Laden mit dem Schild »Uhrmachermeister«, vertrieb aber in Wirklichkeit Diebesgut.

»Gewöhne dir keine Diebeskniffe an, Peschkow!« sagte er zu mir, strich gesetzt über den graumelierten Bart und blinzelte listig und frech.

»Ich sehe, du hast einen anderen Weg, du bist ein geistiger Mensch.« – »Was heißt – ein geistiger?« – »Ein Mensch, der keinen Neid kennt – nur die Neugier . . .«

Das traf für mich nicht zu, ich beneidete viele um vieles. Unter anderem erregte meinen Neid auch Baschkin wegen seiner Redegabe. Seine Sprache war originell, voller überraschender Vergleiche und Wendungen und erinnerte an Verse.

Ich entsinne mich des Anfangs einer Erzählung von einem Liebesabenteuer: »Da sitze ich in trübäugiger Nacht – wie ein Kauz in seiner Baumhöhle – in meinem Gasthauszimmer. Es ist in der bettelarmen Stadt Swijashsk, und es ist Herbst, Oktober. Träge nieselt der Regen, der Wind klagt, als sänge ein Tatar gekränkt ein endloses, schleppendes Lied: Hooo, huuu . . .

Und schließlich tritt sie ein, leicht und rosig wie ein Morgenwölkchen, trügerische Herzensreinheit in den Augen. ›Liebster‹, sagt sie mit ehrlicher Stimme, ›ich habe keine Schuld vor dir.‹ Ich weiß, daß sie lügt, aber ich glaube ihr! Und wenn der Verstand es noch so gut weiß – das Herz will es einfach nicht wahrhaben!«

Er schaukelte beim Sprechen im Rhythmus der Erzählung hin

und her, verbarg die Augen und legte oft mit weicher Gebärde die Hand aufs Herz.

Seine Stimme klang dumpf und matt, während die Worte funkelten und in ihnen etwas vom Lied einer Nachtigall mitschwang.

Ich beneidete auch Trussow – er wußte erstaunlich fesselnd von Sibirien, Chiwa, Buchara, komisch und sehr boshaft vom Leben der Bischöfe zu erzählen und meinte eines Tages geheimnisvoll über Zar Alexander III.: »Dieser Zar ist ein Meister in seinem Fach!«

Trussow erschien mir wie einer jener »Bösewichter«, die sich zur Überraschung des Lesers am Ende eines Romans als großmütige Helden entpuppen.

Manchmal, in schwülen Nächten, setzten diese Leute über das Flüßchen Kasanka, liefen in die Büsche, auf die Wiesen, aßen und tranken dort und unterhielten sich von ihren Geschäften, häufiger noch von der Verworrenheit des Lebens, dem seltsamen Durcheinander der menschlichen Beziehungen und besonders viel von den Frauen. Von ihnen sprach man mit Erbitterung oder Wehmut, gelegentlich auch gerührt, aber fast immer mit dem Gefühl, in ein Dunkel voll unheimlicher Überraschungen zu blicken. Ich habe zwei oder drei Nächte unter dem düsteren Himmel mit seinen matten Sternen, in einer schwül-warmen, von dichtem Weidengebüsch bedeckten Talmulde mit diesen Menschen verbracht.

In der Finsternis, die feucht von der Nähe der Wolga ist, kriechen gleich goldenen Spinnen nach allen Seiten die Lichter von Topplaternen auseinander. Feurige Tupfen und Adern sind in die schwarze Masse des Steilufers eingesprengt – die Fenster der Gastwirtschaften und Häuser des reichen Dorfes Uslon. Dumpf schlagen die Schaufelräder von Dampfern aufs Wasser, krampfhaft, gleich Wölfen, heulen auf einem Schleppzug die Matrosen, ein Hammer klirrt gegen Eisen, verzagt zieht sich ein Lied dahin, in dem eine Seele schmilzt; und Trauer legt sich aufs Herz wie Asche.

Noch trauriger hören sich die leise dahinplätschernden Reden der Menschen neben mir an. Sie grübeln über das Leben, und jeder spricht von dem, was ihn bewegt, fast ohne dem anderen zuzuhören. Sie sitzen oder liegen unter den Büschen, rauchen, trinken hier und da – keineswegs gierig – einen Schluck Wodka oder Bier und tasten sich auf den Bahnen der Erinnerung in die Vergangenheit zurück.

»Ich habe da etwas erlebt«, sagt jemand, den die nächtliche Dunkelheit an die Erde drückt.

Die andern hören sich seine Erzählung an und pflichten ihm bei: »Auch das gibt es . . . es gibt mancherlei . . .«

»Das gab's«, »das gibt es«, »das hat es gegeben« – höre ich immerzu, und mir scheint, die Menschen erleben in dieser Nacht ihr letztes Stündlein – alles ist dagewesen, es wird weiter nichts kommen!

Das brachte mich von Baschkin und Trussow zwar etwas ab, doch sie gefielen mir trotzdem. Nach der Logik all dessen, was ich erlebt hatte, wäre es ganz natürlich gewesen, wenn ich den gleichen Weg gewählt hätte wie sie. Auch meine enttäuschte Hoffnung aufzusteigen, mit einem Studium zu beginnen, drängte mich auf sie zu. In Stunden des Hungers, des Grimms, der Trübsal, fühlte ich mich durchaus fähig, ein Verbrechen zu begehen, und keineswegs nur ein Verbrechen gegen die »geheiligte Institution des Eigentums«. Doch die Romantik der Jugend ließ mich vom Weg nicht abweichen, der mir bestimmt war. Ich hatte neben dem humanen Bret Harte und allerlei Boulevardromanen auch viele ernste Bücher gelesen – sie hatten ein Streben nach etwas zwar Nebelhaftem, aber Bedeutenderem als alles, was ich bisher gesehen hatte, in mir geweckt.

Gleichzeitig kamen auch neue Bekanntschaften, neue Eindrücke auf mich zu. Auf der Brandstätte neben der Wohnung der Jewrejinows trafen sich Gymnasiasten, um Gorodki zu spielen. Einer von ihnen – Gurij Pletnjow – zog mich in seinen Bann. Dunkelhäutig, mit blauschwarzem Haar wie ein Japaner, mit einem Gesicht voller schwarzer Pünktchen, das wie mit Schießpulver eingerieben war, trug er, gewandt im Spiel und geistreich in der Unterhaltung, die Keime der verschiedensten Talente in sich. Und wie fast alle begabten Russen lebte er von dem, was die Natur ihm gegeben hatte, ohne danach zu streben, seine Gaben zu mehren und zu entwickeln. Er besaß ein feines Gehör und ein wunderbares Gefühl für Musik, liebte sie und spielte mit künstlerischer Vollendung Gusli, Balalaika und Ziehharmonika, ohne je den Versuch zu machen, ein edleres, schwierigeres Instrument zu erlernen. Er war arm und schlecht gekleidet, doch das zerknitterte, zerrissene Hemd, die geflickten Hosen, die ausgetretenen, löchrigen Stiefel entsprachen seinem Draufgängertum, den raschen Bewegungen des sehnigen Körpers, den ausladenden Gebärden.

Er erinnerte an jemand, der soeben nach langer, schwerer Krankheit wieder aufgestanden ist, oder an einen Häftling, der erst gestern aus dem Gefängnis entlassen wurde. Alles im Leben erschien ihm neu und anziehend, alles erregte eine geräuschvolle Fröhlichkeit bei ihm; er hüpfte wie ein Feuerwerksschwärmer über die Erde hin.

Als er erfuhr, wie schwer und auch gefährlich mein Leben war, schlug er mir vor, zu ihm zu ziehen und mich zum Dorfschullehrer ausbilden zu lassen. So siedelte ich denn in die »Marussowka« über, ein seltsames, fröhliches Elendsasyl, das sicherlich mehr als nur einer Generation von Kasaner Studenten bekannt ist. Es war ein großes, halbverfallenes Haus in der Rybnorjadskaja-Straße, das dem Besitzer von hungrigen Studenten, Prostituierten und irgendwelchen verlebten menschlichen Gespenstern sozusagen abgenommen worden war. Pletnjow hauste auf dem Gang, unter einer Treppe, die zum Dachboden führte. Dort befand sich seine Pritsche, während am Ende des Gangs ein Tisch und ein Stuhl am Fenster standen – das war alles. Auf dem Gang gab es drei Türen. Hinter zweien wohnten Prostituierte, hinter der dritten ein schwindsüchtiger Mathematiker von den Seminaristen, lang, dürr, beinahe furchterregend, mit hartem, rötlichem Haar bedeckt und kaum von schmutzigen Lumpen verhüllt; unheimlich schimmerten durch die Löcher die bläuliche Haut und die Rippen eines Skeletts.

Er schien sich ausschließlich von seinen Fingernägeln zu ernähren. Er nagte an ihnen herum, bis es blutete, zeichnete Tag und Nacht, berechnete etwas und hustete ununterbrochen – mit einem dumpfen, rasselnden Laut. Die Prostituierten fürchteten sich vor ihm und hielten ihn für einen Irren, legten aber aus Barmherzigkeit Brot, Tee und Zucker vor seine Tür. Er las die Päckchen vom Fußboden auf und trug sie herein, schnaubend wie ein erschöpftes Pferd. Wenn sie es aber vergaßen oder aus irgendeinem Grunde nichts bringen konnten, öffnete er seine Tür und keuchte in den Gang hinaus: »Brot!«

In seinen Augen, die in dunklen Höhlen versanken, funkelte der Stolz des Größenwahnsinnigen, der im Bewußtsein seiner Größe glücklich ist. Dann und wann kam eine bucklige kleine Mißgeburt zu ihm, grauhaarig, mit ausgerenktem Bein, starker Brille auf der geschwollenen Nase und listigem Lächeln auf dem gelben Kastratengesicht. Sie machten die Tür fest hinter sich zu und saßen stundenlang schweigend, in seltsamer Stille, beisammen.

Nur einmal weckte mich in später Nacht der heisere Schrei des wutentbrannten Mathematikers: »Und ich sage – ein Gefängnis! Die Geometrie ist eine Gefängniszelle, jawohl! Eine Mausefalle! Ein Kerker!«

Die bucklige Mißgeburt kicherte und kreischte und wiederholte immerfort ein seltsames Wort, worauf der Mathematiker plötzlich brüllte: »Zum Teufel! Hinaus!«

Der Gast kam unter Zischen und Winseln, sich in den weiten Umhang hüllend, auf den Gang gehumpelt, während der Mathematiker, der lang und furchterregend, die Finger im wirren Haar, auf der Türschwelle stand, keuchte: »Euklid ist ein Narr! Ein Narr . . . Ich werde beweisen, daß Gott klüger als dieser Grieche ist!«

Und er knallte die Tür so heftig hinter sich zu, daß etwas in seinem Zimmer zu Boden polterte.

Bald danach erfuhr ich, daß dieser Mann den Beweis für die Existenz Gottes von der Mathematik her antreten wollte; er starb jedoch, bevor er es geschafft hatte.

Pletnjow arbeitete nachts als Korrektor in einer Zeitungsdrukkerei und verdiente jede Nacht elf Kopeken. Wenn ich nichts hinzuverdienen konnte, lebten wir am Tag von vier Pfund Brot und brauchten zwei Kopeken für Tee und drei Kopeken für Zukker. Zum Verdienen fehlte mir die Zeit – ich mußte lernen. Das Lernen fiel mir außerordentlich schwer, besonders brachte mich die Grammatik mit den beengenden, verknöcherten Formen zur Verzweiflung. Ich konnte die so lebendige, schwere, launenhaft biegsame russische Sprache einfach nicht in sie zwängen. Zu meinem nicht geringen Vergnügen stellte sich jedoch bald heraus, daß ich mit dem Lernen »zu früh« begonnen hatte und selbst nach Ablegung aller Examina nicht Dorfschullehrer werden konnte – ich war einfach zu jung dazu.

Pletnjow und ich schliefen auf ein und derselben Pritsche, ich in der Nacht, er am Tage. Er kehrte erschöpft von der schlaflosen Nacht, mit entzündeten Augen und einem Gesicht, das noch dunkler war als sonst, am frühen Morgen nach Hause zurück. Ich lief sogleich in eine Gastwirtschaft, um heißes Wasser zu holen – einen Samowar hatten wir natürlich nicht. Dann saßen wir am Fenster, tranken Tee und aßen Brot dazu. Gurij erzählte die Neuigkeiten aus der Zeitung, rezitierte spaßige Verse des Feuilletonisten und Alkoholikers »Roter Domino« und setzte mich durch seine scherzhafte Lebensauffassung in Erstaunen – sein Verhältnis zum Leben erinnerte mich an sein Verhältnis zur dickschnäuzigen Galkina, einem Frauenzimmer, das mit alten Damenkleidern handelte und Kuppelei betrieb.

Bei diesem Frauenzimmer hatte er den Winkel unter der Treppe gemietet. Bezahlen konnte er seine »Wohnung« nicht, doch er revanchierte sich mit fröhlichen Scherzen, Harmonikaspielen und rührseligen Liedern; während er sie mit seiner Tenorstimme zum besten gab, sprühte in seinen Augen der Spott. Die Galkina war in ihrer Jugend Opernchoristin gewesen und verstand etwas vom Singen. Oft rollten aus den frechen Augen der gefräßigen Säuferin über die aufgedunsenen, bläulichen Wangen Tränen; sie wischte sie mit fettigen Fingern ab, die sie dann sorgfältig an einem schmutzigen Tüchlein abtrocknete.

»Ach, Gurotschka«, sagte sie seufzend, »Sie sind ein Künstler! Wenn Sie nur ein bißchen hübscher wären – ich würde Sie schon versorgen! Wie viele junge Männer hab ich bei Frauen untergebracht, deren Herz in Einsamkeit verschmachtete!«

Einer von diesen jungen Männern wohnte unmittelbar über uns. Er war Student, Arbeiterkind, Sohn eines Kürschners, ein Bursche von mittlerer Größe, breitbrüstig, aber zu schmal in den Hüften. Er erinnerte an ein Dreieck, das mit dem spitzen, leicht angeschnittenen Winkel nach unten gerichtet ist. Die Füße des Studenten waren klein wie bei einer Frau. Auch der tief zwischen den Schultern sitzende Kopf war klein und mit einem Borstenkamm rötlicher Haare geschmückt, während aus dem weißen, blutleeren Gesicht finster die hervortretenden grünlichen Augen starrten.

Unter vielen Mühen, hungernd wie ein herrenloser Hund, hatte er es gegen den Willen seines Vaters zuwege gebracht, das Gymnasium zu absolvieren und an die Universität zu kommen, doch dann erwies sich, daß er einen weichen Baß besaß, und er wollte gern singen lernen.

Hier hakte die Galkina ein und verkuppelte ihn mit einer reichen Fabrikbesitzerin von etwa vierzig Jahren; ihr Sohn war schon Student im dritten Studienjahr, die Tochter stand im Begriff, das Gymnasium zu beenden. Die Fabrikbesitzerin war mager, flach, gerade wie ein Soldat, hatte ein dürres, asketisches Nonnengesicht und große graue Augen, die sich in dunklen Augenhöhlen verbargen. Sie trug ein schwarzes Kleid und ein altmodisches Seidenkäppchen, an ihren Ohren baumelten Ohrgehänge mit giftgrünen Steinen.

Sie kam dann und wann – abends oder am frühen Morgen – zu ihrem Studenten. Ich habe wiederholt beobachtet, wie sie durchs Tor hereinschoß und entschlossenen Schritts über den Hof ging. Ihr Gesicht wirkte unheimlich, die Lippen waren so fest aufeinandergepreßt, daß man sie kaum sah, die Augen, weit geöffnet, blickten hoffnungslos-kummervoll geradeaus, schienen jedoch blind. Sie war nicht gerade häßlich, aber man spürte deutlich eine Anspannung in ihr, die sie entstellte, den Körper gleichsam auseinanderzog und das Gesicht schmerzhaft zusammenpreßte.

»Sieh nur«, sagte Pletnjow, »wie eine Irre!«

Der Student haßte sie und verbarg sich vor der Kaufmannsfrau, während sie ihn wie ein erbarmungsloser Gläubiger oder Spitzel verfolgte.

»Ich bin in einer üblen Lage«, bekannte er reuig, wenn er getrunken hatte. »Wozu mußte ich überhaupt singen? Mit dieser Visage und dieser Figur läßt man mich gar nicht erst auf die Bühne!«

»Mach Schluß mit dem Hin und Her!« riet ihm Pletnjow.

»Müßte ich, aber sie tut mir leid! Ich kann sie nicht ausstehn, aber sie tut mir leid! Wenn ihr wüßtet, wie sie mich . . . hach . . .«

Wir wußten es, denn wir hörten, wie sie ihn nachts, auf der Treppe, mit dumpfer, bebender Stimme anflehte: »Um Christi willen ... Lieber, um Christi willen!«

Sie war Eigentümerin einer großen Fabrik, besaß mehrere Häuser und hielt Pferde, gab Tausende für Hebammenkurse aus und flehte – wie eine Bettlerin um eine milde Gabe – um etwas Liebe.

Nach dem Morgentee legte sich Pletnjow schlafen, während ich mir Arbeit suchen ging und erst am späten Abend nach Hause zurückkehrte, wenn Gurij in die Druckerei mußte. Wenn ich Brot, Wurst oder gekochte Innereien mitbrachte, bekam jeder von uns die Hälfte, und er nahm seinen Teil mit.

Allein geblieben, irrte ich in den Gängen und Winkeln der »Marussowka« umher und sah mir an, wie diese für mich so neuen Menschen hier lebten. Das Haus war dicht bevölkert – es erinnerte an einen Ameisenhaufen. Es war von irgendwelchen sauren, beißenden Gerüchen erfüllt, und in den Ecken nisteten schwere, den Menschen feindliche Schatten. Von morgens bis in die späte Nacht summte und dröhnte es. Ununterbrochen ratterten die Nähmaschinen der Näherinnen, Operettenchoristinnen probierten ihre Stimmen, der Student gurrte im Baß seine Tonleitern, laut deklamierte ein trunksüchtiger, halbirrer Schauspieler, hysterisch kreischten im Rausch die Prostituierten – und die natürliche, aber nicht zu beantwortende Frage tauchte vor mir auf: Wozu das alles?

Unter der hungrigen Jugend trieb sich ohne erkenntlichen Grund ein rothaariger, glatzköpfiger Mann mit starken Backenknochen, großem Bauch und dünnen Beinen herum, mit riesigem Mund und Pferdezähnen – eben der Zähne wegen führte er den Spitznamen »Rotes Pferd«. Er prozessierte bereits das dritte Jahr mit irgendwelchen Verwandten, Simbirsker Kaufleuten, und erklärte all und jedem: »Ich will nicht ich sein, wenn ich sie nicht restlos ruiniere! Sie werden betteln gehen und volle drei Jahre von milden Gaben leben – dann gebe ich ihnen zurück, was das Gericht ihnen abgesprochen hat, gebe ihnen alles zurück und sage: ›Merkt ihr was, ihr Teufel? Na also!‹«

»Das ist wohl das Ziel deines Lebens, Rotes Pferd?« fragte man ihn.

»Ich habe mich voll und ganz mit meiner Seele darauf eingestellt und bin zu nichts anderem mehr imstande!«

Er hockte tagelang im Bezirks- oder Appellationsgericht und bei seinem Anwalt, fuhr abends häufig mit zahllosen Päckchen, Tüten und Flaschen in einer Mietdroschke vor und veranstaltete in seinem schmutzigen Zimmer mit der durchhängenden Decke und dem schiefen Fußboden geräuschvolle Gelage, zu denen er Studenten und Näherinnen, jeden, der sich satt essen und einen kleinen Rausch antrinken wollte, einlud. Das Rote Pferd selbst trank nur Rum, ein Getränk, das auf der Tischdecke, der Kleidung, selbst auf dem Fußboden dunkelbraune, nicht abzuwaschende Flecken hinterließ – er trank und grölte: »Ihr meine guten Vögel! Ich liebe euch – ihr seid ein ehrliches Volk! Ich aber bin ein böser Schuft, ein Krrrokodil – ich will meine Verwandten zugrunde richten und werde es auch tun! Mein Wort darauf! Ich will nicht ich sein, wenn ...«

Die Augen des Roten Pferdes zwinkerten kläglich, und trunkene Tränen rollten über sein unförmiges, breites Gesicht; er wischte sie von den Wangen und trocknete seine Hand an den Knien ab – die Hosen waren ewig voll speckiger Flecken.

»Was führt ihr denn für ein Leben?« rief er aus. »Hunger, Kälte, schlechte Kleidung – muß es so sein? Was kann man bei einem solchen Leben schon lernen? Hach, wenn der Zar wüßte, was für ein Leben ihr führt ...«

Und er zog einen Packen bunter Geldscheine aus der Tasche und bot sie an: »Wer braucht Geld? Nehmt, Kinder, nehmt!«

Näherinnen und Choristinnen rissen ihm die Scheine gierig aus der zottigen Hand. Er lachte nur und sagte: »Aber das ist doch nicht für euch! Das ist für die Studenten.«

Doch die Studenten nahmen das Geld nicht an.

»Zum Teufel damit!« rief ärgerlich der Kürschnerssohn.

Er hatte eines Tages, als er betrunken war, selber einen Packen zerdrückter Zehnrubelscheine mitgebracht, sie auf Pletnjows Tisch geworfen und gesagt: »Hier – brauchst du was? Ich brauche nichts ...«

Dann hatte er sich auf unsere Pritsche gelegt und losgejammert, losgebrüllt, so daß wir ihm zu trinken geben und ihn mit Wasser übergießen mußten. Nachdem er eingeschlafen war, versuchte Pletnjow, die Scheine zu glätten, doch das erwies sich als unmöglich – sie waren so fest zusammengepreßt, daß man sie anfeuchten mußte, um sie voneinander zu lösen.

In dem schmutzigen, verräucherten Zimmer, dessen Fenster auf die Ziegelmauer des Nachbarhauses hinausgehen, ist es stikkig und eng, laut und bedrückend wie in einem Alptraum. Das Rote Pferd brüllt lauter als alle anderen.

Ich frage ihn: »Warum wohnen Sie hier und nicht im Gasthaus?«

»Wegen der Seele, mein Lieber! Bei euch hat's die Seele warm ...«

Der Kürschnerssohn pflichtet ihm bei: »Schon richtig, Rotes Pferd! Mir geht es genauso. Ich würde an jeder anderen Stelle zugrunde gehen ...«

Das Rote Pferd bittet Pletnjow: »Spiel was, sing was vor ...«

Gurij legt die Gusli auf seine Knie und singt:

»Gehe auf, gehe auf, rote Sonne mein ...«

Seine Stimme ist weich und greift ans Herz.

Im Zimmer wird es still, alle hören nachdenklich auf die wehmütigen Worte und den gedämpften Klang der Guslisaiten hin.

»Schön, verdammt noch mal!« brummt der unglückselige Herzenströster der Fabrikbesitzerin.

Unter den seltsamen Bewohnern des alten Hauses spielte Gurij Pletnjow, dessen Weisheit Fröhlichkeit hieß, die Rolle des guten Geistes aus dem Zaubermärchen. Sein Herz, das in den heiteren Farben der Jugend schwelgte, erhellte das Leben mit einem Feuerwerk von Scherzen, schönen Liedern, bissigen Spötteleien über die Lebensgewohnheiten und Bräuche der Menschen, mit kühnen Reden über das grobe Unrecht des Lebens. Er war gerade zwanzig Jahre alt und erinnerte äußerlich an einen Halbwüchsigen, wurde aber von allen im Hause als jemand angesehen, der in schwerer Stunde einen klugen Rat erteilen und stets helfen konnte. Anständige Menschen liebten ihn, weniger anständige fürchteten ihn, und selbst der alte Wachpolizist Nikiforytsch grüßte Gurij immer mit einem schlauen Lächeln.

Die »Marussowka« hatte einen Durchgangshof, der bergan stieg und zwei Straßen miteinander verband – die Rybnorjadskaja und die Staro-Gorschetschnaja; in dieser schmiegte sich, unweit vom Tor unseres Asyls, Nikiforytschs Häuschen behaglich in eine Ecke.

Er war der rangälteste Wachpolizist in unserem Viertel, ein hochgewachsener, hagerer, mit Medaillen behangener Mann; das Gesicht wirkte klug, das Lächeln liebenswürdig, der Blick schlau.

Auf die geräuschvolle Kolonie der gewesenen und kommenden Leute hatte er ein wachsames Auge. Mehrmals am Tage tauchte seine geschniegelte Gestalt auf dem Hof auf. Er bewegte sich ohne Eile und sah in die Fenster der Wohnungen hinein wie der Wärter in einem zoologischen Garten in die Tierkäfige. Im Winter wurden in einer der Wohnungen der einarmige Offizier Smirnow und der Soldat Muratow verhaftet, beide Ritter des Georgskreuzes und Teilnehmer an Skobelews Achal-Tekiner Feldzug; außer ihnen setzte man auch Sobnin, Owsjankin, Grigorjew, Krylow und noch jemand fest – im Zusammenhang mit dem Versuch, eine Geheimdruckerei einzurichten. Muratow und Smirnow waren am hellichten Tage, sonntags, in Kljutschnikows Druckerei, die in einer belebten Straße lag, erschienen, um Lettern zu entwenden. Dabei wurden sie ertappt. Und eines Nachts ergriffen Gendarmen in der »Marussowka« auch einen langen, finsteren Hausbewohner, dem ich den Spitznamen »der wandelnde Glockenturm« gegeben hatte.

Als Gurij am Morgen davon hörte, fuhr er erregt durch sein schwarzes Haar und sagte zu mir: »Hör zu, Maximytsch, lauf doch mal rasch in siebenunddreißig Teufels Namen . . .«

Er erklärte mir, wohin ich zu laufen habe, und fügte hinzu: »Paß auf – sei vorsichtig! Es könnten Spitzel in der Nähe sein . . .«

Der geheimnisvolle Auftrag machte mir schrecklich viel Freude, und ich flog zur Vorstadt Admiraltejskaja wie eine Schwalbe. Dort erblickte ich in einer dunklen Kupferschmiede einen krausköpfigen jungen Mann mit ungewöhnlich blauen Augen. Er lötete an einer Kasserolle, sah aber nicht wie ein Arbeiter aus. In der Ecke mühte sich an einem Schraubstock ein kleiner Alter, dessen Haare ein Riemen zusammenhielt, mit dem Einschleifen eines Hahnes ab.

Ich fragte den alten Kupferschmied: »Haben Sie vielleicht Arbeit?«

Der Alte entgegnete ärgerlich: »Wir ja, aber für dich ist keine da!«

Der junge Mann sah flüchtig zu mir auf und beugte sich wieder über die Kasserolle. Ich stieß ihn vorsichtig mit meinem Fuß gegen das Bein; er sah mich erstaunt und zornig mit seinen blauen Augen an, den Kasserollengriff in der Hand, als wolle er mir die Kasserolle an den Kopf werfen. Als er jedoch bemerkte, daß ich ihm zuzwinkerte, sagte er gelassen: »Geh nur, geh schon . . .«

Ich blinzelte ihm nochmals zu, trat auf die Straße hinaus und blieb stehen; auch der Krausköpfige kam heraus, rekelte sich, steckte sich eine Zigarette an und blickte schweigend zu mir hin.

»Sind Sie Tichon?« – »Ja, der bin ich!« – »Sie haben Pjotr verhaftet.«

Er zog ärgerlich die Brauen zusammen und tastete mich mit dem Blick ab.

»Was denn für einen Pjotr?« – »So einen langen, sieht aus wie ein Diakon.« – »Ja, und?« – »Weiter nichts.«

»Was gehen mich der Pjotr, der Diakon und alles übrige an?« fragte der Kupferschmied, und seine Frage überzeugte mich endgültig: Er war kein Arbeiter. Ich lief nach Hause, voller Stolz, daß ich den Auftrag ausgeführt hatte. So sah meine erste Beteiligung an der Arbeit der »Konspirativen« aus.

Gurij Pletnjow stand ihnen nahe, entgegnete jedoch auf meine Bitte, mich in die Angelegenheiten einzuweihen: »Für dich, mein Lieber, ist es zu früh! Lern erst mal . . .«

Jewrejinow machte mich schließlich mit einem geheimnisvollen Mann bekannt. Dieses Bekanntwerden wurde durch Vorsichtsmaßnahmen kompliziert, die mir das Vorgefühl von etwas sehr Wichtigem eingaben. Jewrejinow führte mich aus der Stadt hinaus auf das Arskoje-Feld und schärfte mir unterwegs ein, daß diese Bekanntschaft größte Vorsicht von meiner Seite voraussetze und geheim bleiben müsse. Er zeigte mir dann eine kleine graue Gestalt, die in der Ferne langsam über das öde Feld dahinschritt, blickte sich um und sagte mit leiser Stimme: »Das ist er! Gehen Sie hinter ihm her, treten Sie, wenn er stehenbleibt, auf ihn zu und sagen Sie: ›Ich bin der Fremde . . .‹«

Das Geheimnisvolle ist immer anziehend, hier aber kam es mir lächerlich vor – ein heißer, heiterer Tag, auf dem Feld flimmert gleich einem grauen Hälmchen einsam ein Mann; das ist alles. Ich holte ihn am Friedhofstor ein und erblickte einen Jüngling vor mir – mit dürrem, kleinem Gesicht und strengblickenden Augen, rund wie bei einem Vogel. Er trug einen grauen Gymnasiastenmantel, dessen helle Knöpfe jedoch abgetrennt und durch schwarze Hornknöpfe ersetzt waren. An der abgetragenen Mütze erkannte man noch die Spur des Wappens. Überhaupt schien alles an ihm vorzeitig abgenutzt – als habe er es allzu eilig gehabt, sich selber zu beweisen, was für ein reifer Mann er sei.

Wir saßen zwischen den Gräbern, im Schatten dichter Sträucher. Er sprach trocken und sachlich und gefiel mir ganz und gar nicht. Nachdem er mich streng befragt hatte, was ich gelesen habe, schlug er mir vor, an einem Zirkel teilzunehmen, den er organisiert hatte. Ich willigte ein, und wir trennten uns – er ging als erster und sah sich auf dem leeren Feld vorsichtig nach allen Seiten um.

Im Zirkel, dem noch drei oder vier andere junge Männer angehörten, erwies ich mich als Jüngster. Auf das Studium eines Buches von John Stuart Mill mit Anmerkungen von Tschernyschewskij war ich in keiner Weise vorbereitet. Wir kamen in der Wohnung Milowskijs, eines Schülers am Lehrerseminar, zusammen. Er schrieb später unter dem Pseudonym Jeleonskij Erzählungen und beging, nachdem er etwa fünf Bände verfaßt hatte, Selbstmord. Wie viele von den Menschen, die ich gekannt habe, sind freiwilllig aus dem Leben geschieden!

Er war ein schweigsamer Mann, zaghaft im Denken, vorsichtig mit dem Wort. Er lebte im Keller eines verschmutzten Hauses und beschäftigte sich – zum »seelisch-körperlichen Ausgleich« – mit Tischlerarbeiten. Ich langweilte mich mit ihm. Die Lektüre des Buches von Mill fesselte mich nicht, die Grundthesen der Ökonomik erschienen mir sehr bekannt, ich hatte sie unmittelbar am eigenen Leibe erfahren; mir schien, es habe sich nicht gelohnt, ein dickes Buch voll schwieriger Wörter darüber zu schreiben, was jedermann völlig klar ist, der seine Kräfte im Interesse des Wohlergehens und der Behaglichkeit »eines fremden Onkels« verausgabt. Ich hielt es nur unter großer Anspannung aus, zwei oder drei Stunden in einem Loch zu sitzen, das mit Kleistergeruch gesättigt war, und zuzuschauen, wie Mauerasseln über die schmutzigen Wände krochen.

Eines Tages versäumte es unser Glaubenslehrer, sich zur gewohnten Stunde einzustellen. Wir nahmen an, er werde nicht mehr kommen, holten eine Flasche Wodka, Brot und Gurken und veranstalteten ein kleines Gelage. Plötzlich huschten am Fenster die grauen Beine unseres Lehrers vorüber. Wir hatten kaum die Flasche unter dem Tisch versteckt, als er schon eintrat und uns die weisen Schlüsse Tschernyschewskijs zu erläutern begann. Wir saßen regungslos wie die Götzen da – wir fürchteten, jemand von uns könnte die Flasche mit dem Fuß umstoßen. Das tat schließlich der Lehrer selbst, tat's, sah unter dem Tisch nach und sagte kein Wort. Ach, hätte er lieber kräftig geschimpft!

Sein Schweigen, die strenge Miene und die gekränkt zusammengekniffenen Augen versetzten mich in schreckliche Verlegenheit. Ich spähte finster zu den schamroten Gesichtern meiner Gefährten hin, fühlte mich vor dem Glaubenslehrer wie ein Verbrecher und bedauerte ihn von Herzen, obwohl der Wodka gar nicht auf meine Anregung gekauft worden war.

Die Lesungen langweilten mich, ich wäre gern in die Tatarskaja-Vorstadt gegangen, wo gutmütige, freundliche Menschen ein eigenes, sauberes Leben führten. Sie sprachen ein komisches, gebrochenes Russisch. Abends riefen die seltsamen Stimmen der Muezzins sie von der Höhe der Minarette in die Moscheen. Mir schien, das ganze Leben sei bei den Tataren anders aufgebaut als bei uns, unähnlich dem, das ich kannte und das für mich keine Freude war.

Es zog mich an die Wolga zur Poesie der Arbeit; auch heute noch berauscht diese Musik mein Herz. Ich entsinne mich genau des Tages, an dem ich die heldenhafte Poesie der Arbeit zum ersten Male empfand.

Vor Kasan war ein großer Frachtkahn mit persischen Waren auf Grund gelaufen – er lag mit eingedrücktem Boden auf einem Felsen fest. Ein Artel von Schauerleuten, das die Umladung vornehmen sollte, stellte mich ein. Es war September, ein Fallwind wehte, auf dem grauen Wasser brachen sich böse die Wellen, der wütende Wind riß ihnen die Kämme herunter und überschüttete den Fluß mit kalten Schauern. Die Arbeiter, es waren etwa fünfzig Mann, lagen finster auf dem Deck des leeren Frachtkahns und mummten sich in Bastmatten und Decken. Ein kleiner Schleppdampfer zog uns, keuchte und sandte rote Funkengarben in den Regen hinaus.

Es wurde Abend. Der bleierne, nasse Himmel senkte sich dunkel über den Fluß. Die Schauerleute murrten und schimpften, verwünschten den Wind, den Regen, das Leben und krochen auf der Suche nach einem Versteck vor der Nässe und Kälte träge über das Deck. Mir schien, diese verschlafenen Männer würden nicht fähig sein zu arbeiten und die umkommende Fracht nicht retten.

Gegen Mitternacht erreichten wir die Untiefe, und der leere Kahn machte Bord an Bord neben dem aufgelaufenen fest. Der Vorsteher des Artels, ein giftiger alter Mann, pockennarbig, schlau und ein Schandmaul, mit Augen und Nase wie ein Geier, riß die nasse Mütze von seinem kahlen Schädel und rief mit hoher Weiberstimme: »Zum Gebet, Jungs!«

Die Schauerleute drängten sich in der Dunkelheit auf dem Deck zu einem schwarzen Haufen zusammen und brummten wie die Bären. Der Vorsteher, der sein Gebet als erster beendet hatte, kreischte: »Laternen her! Nun, Leute, zeigt, was arbeiten heißt! Feste, Jungs! Fangt an – mit Gott!«

Und die schweren, trägen, nassen Menschen »zeigten, was arbeiten heißt«. Sie stürzten sich auf das Deck und in die Laderäume des abgesunkenen Kahns wie in eine Schlacht – brüllend, johlend, unter Späßen und Scherzen. Mit der Leichtigkeit von Daunenkissen flogen Säcke mit Reis, Ballen mit Rosinen, Häuten und Persianerfellen umher. Stämmige Gestalten, die sich gegenseitig durch Heulen, Pfiffe, gepfefferte Schimpfworte anfeuerten, rannten an mir vorbei. Es fiel schwer zu glauben, daß hier so fröhlich, leicht und flink dieselben schwerfälligen, finsteren Leute arbeiteten, die sich noch eben verzagt über das Leben, den Regen, die Kälte beklagt hatten. Der Regen war stärker und kälter, der Wind steifer geworden. Er riß an den Hemden, warf ihre Schöße den Leuten über die Köpfe und entblößte die Bäuche. Beim schwachen Schein von sechs Laternen flimmerten in der nassen Finsternis schwarze Gestalten umher, die dumpf über die

Decks der beiden Frachtkähne stapften. Sie schufteten, als seien sie ausgehungert nach Arbeit, als hätten sie schon lange auf das Vergnügen gewartet, sich vier Pud schwere Säcke zuzuwerfen und mit Warenballen auf dem Rücken im Laufschritt dahinzuhasten. Sie arbeiteten, als ob sie spielten, mit dem fröhlichen Eifer von Kindern, mit jener trunkenen Freude am Schaffen, die nur die Umarmung eines Weibes an Süße übertrifft.

Ein großer, bärtiger Mann in langem Rock, glitschig und naß – vermutlich der Eigentümer der Fracht oder sein Bevollmächtigter –, rief plötzlich aufgeregt dazwischen: »He, Leute, ich geb einen Eimer aus! Oder, sagen wir, zwei! Vorwärts, ihr Galgenstricke!«

Mehrere Stimmen zugleich dröhnten von allen Seiten aus der Dunkelheit zurück: »Drei Eimer, drei!«

»Also meinetwegen – drei! Aber strengt euch an!«

Auch ich packte Säcke an, schleppte sie, warf sie ab, lief zurück und ergriff neue. Mir schien, als wirbelte ich selbst und alles andere ringsum in einem wilden Tanz dahin, als könnten diese Leute monatelang, ja jahrelang unermüdlich und ohne sich zu schonen so furchterregend und fröhlich fortarbeiten, als wären sie in der Lage, die Stadt an Glockentürmen und Minaretten zu packen und fortzurücken, wohin sie wollten.

Ich lebte diese Nacht in einem Freudenrausch, wie ich ihn nie gekannt hatte, und meine Seele war von dem Wunsch erfüllt, das ganze Leben in diesem halbirren Taumel des Tuns zu verbringen. Hinter den Bordwänden tanzten die Wellen, Regen peitschte die Decks, der Wind pfiff über den Fluß. Im Morgengrauen hasteten unermüdlich die nassen, halbnackten Menschen umher; sie schrien und lachten, stolz auf ihre Arbeit, ihre Kraft. Und schließlich riß auch noch der Wind die schwere Wolkenmasse auf, und in dem blendend blauen Himmelsfleck erglänzte rosig ein Sonnenstrahl; er wurde von all den fröhlichen, lieben Kerlen mit einem Schütteln der nassen Mähnen, mit einem einmütigen Gebrüll begrüßt. Ich hätte dieses zweibeinige Getier, das so klug und geschickt bei der Arbeit war und sich so selbstvergessen von ihr mitreißen ließ, umarmen und abküssen mögen.

Es schien, einem solchen Ungestüm freudig entfesselter Kraft könne nichts widerstehen, sie sei imstande, Wunder zu wirken, die Erde in einer einzigen Nacht mit wunderschönen Palästen und Städten zu übersäen – wie es in prophetischen Märchen heißt. Der Sonnenstrahl blickte ein oder zwei Minuten auf die Arbeit der Menschen herab, konnte sich gegen die schwere Wolkenschicht nicht durchsetzen und versank in ihr wie ein Kind im Meer; der Regen wurde zum Wolkenbruch.

»Schluß jetzt!« rief jemand, bekam aber nur die grimmige Antwort: »Machen wir – aber mit dir!«

Und bis zwei Uhr mittags, bis die gesamte Fracht umgeladen war, arbeiteten die halbnackten Männer, ohne sich auszuruhen, in strömendem Regen und schneidendem Wind und ließen mich ehrfürchtig ahnen, wie reich die Menschenwelt an Kräften ist.

Später stiegen sie auf einen Dampfer um, und alle schliefen ein wie die Betrunkenen. In Kasan ergossen sie sich wie ein Strom grauen Schlamms über den Sand und gingen in die Kneipe, um die drei Eimer Wodka zu trinken.

Dort trat der Dieb Baschkin auf mich zu, musterte mich von Kopf bis Fuß und fragte: »Was haben sie mit dir gemacht?«

Ich erzählte ihm voller Begeisterung, wie wir gearbeitet hatten; er hörte sich alles an, seufzte und gab verächtlich zurück: »Dummkopf! Oder noch schlimmer als das – Idiot!«

Er schob, hin und her pendelnd wie ein Fisch und vor sich hin pfeifend, zwischen den eng zusammengerückten Tischen davon; an ihnen zechten lärmend die Schauerleute. In der Ecke fing jemand mit hoher Stimme ein zotiges Lied an:

»Hach, war das eine Sache – die Nacht kam herbei,
Und spazieren im Gärtchen ging die Dame fein – hei!«

Ein Dutzend Stimmen fiel ohrenbetäubend laut ein, man hieb mit der Hand den Takt auf die Tische:

»Wachsam soll ein Wächter sein,
Sieht – da liegt die Dame fein . . .«

Man wieherte und pfiff, und Worte, denen wohl nichts in der Welt an verwegenem Zynismus gleichkam, dröhnten ins Ohr.

Irgendwer machte mich mit Andrej Derenkow bekannt, dem Besitzer einer kleinen Gemischtwarenhandlung, die sich am

Ende einer engen, ärmlichen Straße verbarg, am Rande einer Erdschlucht, in der man Müll ablud.

Derenkow, klein, mit verkrüppeltem Arm, gutmütigem, von einem blonden Bart umrahmtem Gesicht und klugen Augen, besaß die beste Bibliothek verbotener oder seltener Bücher in der Stadt; sie wurde von den Studenten der zahlreichen Kasaner Hochschulen und allerlei anderen revolutionär gesinnten Leuten benutzt.

Derenkows Laden befand sich in einem niedrigen Anbau neben dem Haus eines Wechslers, der der Sekte der Skopzen angehörte. Vom Laden führte eine Tür in ein geräumiges Zimmer, das schwach durch ein Fenster zum Hof erleuchtet wurde, an das Zimmer schloß sich eine enge Küche an, hinter der Küche lag in einem dunklen Flur, der vom Anbau zum Haus führte, eine Kammer, und eben in dieser Kammer verbarg sich die tückische Bibliothek. Ein Teil der Bücher bestand aus dicken handschriftlichen Heftchen – so die »Historischen Briefe« Lawrows, »Was tun?« von Tschernyschewskij, einige Aufsätze von Pissarew, »König Hunger« und »Die vertrackte Mechanik«, alle diese Handschriften waren sehr abgegriffen und zerlesen.

Als ich den Laden zum erstenmal betrat, verwies mich Derenkow, der von Kunden in Anspruch genommen war, mit einem Kopfnicken ins Zimmer. Ich trat ein und sah, daß in der Ecke im Dämmerlicht ein kleiner alter Mann kniete, der an ein Bildnis des Serafim von Sarow erinnerte und hingegeben betete. Ich hatte beim Anblick des Alten ein unbehagliches, widerspruchsvolles Gefühl.

Man hatte mir Derenkow als »Narodnik« hingestellt; ein »Narodnik« war nach meiner Vorstellung ein Revolutionär, und ein Revolutionär durfte nicht gottgläubig sein – der fromme alte Mann, so schien mir, gehörte nicht in dieses Haus.

Er beendete sein Gebet, strich sorgsam das weiße Kopfhaar, den weißen Bart zurecht, sah mich aufmerksam an und sagte: »Andrejs Vater. Und wer sind Sie? Ach was? Und ich habe geglaubt – ein verkleideter Student.«

»Wozu sollte sich ein Student verkleiden?« fragte ich.

»Na eben«, entgegnete leise der Alte, »du kannst dich verkleiden, wie du willst – der Herrgott erkennt dich doch!«

Er ging in die Küche, während ich mich am Fenster niederließ und in Nachdenken versank. Plötzlich hörte ich, wie jemand ausrief: »So also sieht er aus!«

Im Rahmen der Küchentür stand ein weißgekleidetes junges Mädchen. Das helle Haar war kurz geschnitten, lächelnd strahlten in dem blassen, rundlichen Gesicht die blauen Augen. Sie erinnerte stark an einen Engel, wie man sie auf billigen Öldrukken sieht.

»Warum sind Sie erschrocken? Seh ich denn so schrecklich aus?« fragte sie mit dünner, flackernder Stimme und tastete sich behutsam an der Wand entlang zu mir vor, als bewegte sie sich nicht über festen Boden, sondern auf einem schwankenden Seil durch die Luft. Diese Unsicherheit beim Gehen ließ sie erst recht als Wesen aus einer anderen Welt erscheinen. Sie zuckte immerfort zusammen, als stächen Nadeln in ihre Füße, als verbrenne die Wand ihre kindlich weichen Hände. Die Finger waren merkwürdig unbeweglich.

Ich stand ihr schweigend gegenüber und empfand eine sonderbare Bestürzung und heftiges Mitleid. Alles in diesem dunklen Zimmer war ungewöhnlich!

Das Mädchen setzte sich so vorsichtig auf einen Stuhl, als fürchtete sie, er könnte unter ihr davonfliegen. Mit einer ungewöhnlichen Einfachheit erzählte sie, sie habe erst vor fünf Tagen wieder angefangen zu gehen, vorher sei sie an Armen und Beinen gelähmt und fast drei Monate ans Bett gefesselt gewesen.

»Es ist eine Art Nervenkrankheit«, sagte sie lächelnd.

Ich erinnere mich – ich hätte mir eine andere Erklärung für ihren Zustand gewünscht; eine Nervenkrankheit – das war zu einfach für dieses Mädchen, dazu in einem so seltsamen Zimmer, in dem sich alle Möbel schüchtern an die Wände drückten, während in einer Ecke vor den Ikonen ein allzu helles Lämpchen brannte und über den großen, mit einem weißen Tischtuch bedeckten Tisch die Schatten der kupfernen Ketten huschten, an denen das Lämpchen aufgehängt war.

»Man hat mir viel von Ihnen erzählt, da wollte ich eben mal sehen, wie Sie sind«, hörte ich sie mit ihrer dünnen Kinderstimme sagen.

Sie musterte mich mit einem unerträglichen Blick. Ich sah, wie ihre blauen Augen aufmerksam in mir lasen. Mit einem solchen Mädchen konnte ich nicht sprechen, ich verstand es einfach nicht. Und ich schwieg und blickte zu den Bildnissen Herzens, Darwins und Garibaldis hin.

Aus dem Laden kam ein Halbwüchsiger in meinem Alter herausgestürzt, weißblond und mit frechen Augen. Er verschwand in der Küche und rief mit brüchiger Stimme: »Was kriechst du hier herum, Marja?«

»Das ist mein jüngerer Bruder Alexej«, sagte das Mädchen. »Ich selbst besuche einen Hebammenkursus, bin aber, wie Sie sehen, erkrankt. Warum sagen Sie nichts? Sind Sie schüchtern?«

Andrej Derenkow kam herein, die verkrüppelte Hand unter dem Rock versteckt. Er strich der Schwester über das weiche Haar, verwühlte es und fragte mich, welcher Art Arbeit ich suche.

Später erschien ein rotgelocktes, gutgewachsenes Mädchen mit grünlichen Augen, sah mich streng an, griff dem weißen Mädchen unter die Arme, führte es hinaus und sagte: »Genug, Marja!«

Der Name paßte nicht zu ihr, er war zu gewöhnlich.

Auch ich ging, seltsam erregt, saß aber am übernächsten Abend aufs neue in diesem Zimmer und versuchte zu verstehen, wie und wovon man hier lebte. Man lebte sonderbar.

Der liebe, sanfte Alte, Stepan Iwanowitsch, weiß und beinahe durchsichtig, saß in einer Ecke, blickte von da in den Raum und bewegte leise lächelnd die dunklen Lippen, als bäte er: Rührt mich nicht an!

Die Ängstlichkeit eines Hasen lebte in ihm, das unruhige Vorgefühl eines Unheils – das war mir klar.

Andrej mit seinem verkrüppelten Arm trug eine graue Jacke, die auf der Brust so mit Butter und Mehl beschmiert war, daß sie wie Baumrinde wirkte. Er schob sich irgendwie seitlich im Zimmer voran, schuldbewußt lächelnd wie ein Kind, dem man soeben eine Unart verziehen hat. Im Laden unterstützte ihn Alexej, ein träger und grober Bursche. Der dritte Bruder, Iwan, studierte im Lehrerseminar und kam, da er im Internat lebte, nur feiertags nach Hause; er war ein kleines, sauber gekleidetes und glatt gekämmtes Männlein, das an einen alten Beamten erinnerte.

Die kranke Marja wohnte in einer Dachkammer und kam nur selten herunter; wenn sie herunterkam, fühlte ich mich unfrei, als fesselten mich unsichtbare Bande.

Die Wirtschaft der Derenkows wurde von der Wohngenossin des Hausbesitzers, eines Skopzen, geführt; sie war eine lange, dürre Frau mit dem Gesicht einer Holzpuppe und den strengen Augen einer bösen Nonne. Um sie herum machte sich ihre Tochter, die rothaarige Nastja, zu schaffen; die Flügel ihrer spitzen Nase zuckten, wenn ihre grünen Augen zu den Männern blickten.

Die eigentlichen Herren der Derenkowschen Wohnung waren jedoch die Studenten – von der Universität, der Geistlichen Akademie und vom Veterinärinstitut –, ein geräuschvoller Haufe von Menschen, die in der Sorge um das russische Volk, in einer ständigen Sorge um die Zukunft Rußlands lebten. Dauernd erregt durch Zeitungsartikel, durch Folgerungen aus den eben gelesenen Büchern, durch Ereignisse im Leben der Stadt und der Universität, kamen sie aus allen Straßen Kasans in Derenkows Laden gelaufen, um wütend zu diskutieren oder in einer Ecke zu flüstern. Sie brachten dicke Bücher mit, schrien sich gegenseitig an und verkündeten ihre Wahrheiten – jeder die, die ihm gefiel.

Natürlich fand ich mich in allen diesen Streitigkeiten nur schlecht zurecht, die Wahrheiten verloren sich für mich im Überschwang der Worte wie Fettaugen auf der dünnen Suppe der Armen. Manche Studenten erinnerten mich an die alten Bibelkundigen aus dem Sektierergebiet an der Wolga, doch ich verstand, daß ich Menschen vor mir hatte, die darauf aus waren, das Leben zum Besseren zu wenden, und wenn sich ihr ehrliches Wollen in einem wilden Wortschwall verlor, so ging es doch nicht in ihm unter. Die Aufgaben, die sie zu lösen suchten, waren mir klar, und eine gelungene Lösung interessierte mich persönlich. Oft genug glaubte ich aus den Worten der Studenten meine eigenen stummen Gedanken herauszuhören, und mein Verhältnis zu diesen Menschen glich fast der Verzückung, in die ein Gefangener verfällt, dem man die Freiheit verspricht.

Sie hingegen sahen mich an wie Tischler ein Stück Holz, aus dem man etwas nicht ganz Alltägliches machen kann.

»Ein Naturtalent!« empfahl man mich einander mit dem gleichen Stolz, mit dem sich Straßenjungen ein kupfernes Fünfkopekenstück zeigen, das sich auf dem Straßendamm fand. Es gefiel mir nicht, wenn man mich ein »Naturtalent« oder einen »Sohn des Volkes« nannte. Ich fühlte mich als Stiefkind des Lebens und spürte das Gewicht der Kraft, die meine geistige Entwicklung lenkte, manchmal sehr deutlich. So befiel mich, als ich im Schaufenster eines Buchladens ein Buch erblickte, dessen Titel aus den mir unbekannten Wörtern »Aphorismen und Maximen« bestand, der brennende Wunsch, es zu lesen, und ich bat einen Studenten der Geistlichen Akademie, mir dieses Buch zu leihen.

»Prost Mahlzeit!« rief ironisch der zukünftige Bischof aus, ein Mann mit dem Kopf eines Negers, kraushaarig, mit wulstigen Lippen und starken Zähnen. »Das, mein Lieber, ist Unfug. Lies, was man dir gibt, und steck deine Nase nicht in Dinge, die dich nichts angehen!«

Der grobe Lehrmeisterton verletzte mich sehr. Natürlich kaufte ich mir das Buch, nachdem ich einen Teil des Geldes auf den Anlegebrücken verdient und den Rest von Andrej Derenkow geliehen hatte. Es war das erste seriöse Buch, das ich erwarb, und hat sich bis heute bei mir erhalten.

Überhaupt behandelte man mich ziemlich streng. Als ich die »Fibel der sozialen Wissenschaften« las, schien mir, die Rolle der Hirtenstämme bei der Organisierung eines zivilisierten Lebens werde vom Autor überschätzt, während die wagemutigen Vagabunden – die Jäger – zu schlecht wegkämen. Ich teilte meine Zweifel einem Philologen mit, und er erging sich, bemüht, seinem weibischen Gesicht einen bedeutenden Ausdruck zu geben, eine geschlagene Stunde über das »Recht zur Kritik«.

»Um das Recht zur Kritik zu haben, muß man an irgendeine Wahrheit glauben – woran glauben Sie?« fragte er mich.

Er las sogar auf der Straße – ein Buch vor der Nase, ging er den Bürgersteig entlang und rempelte die Leute an. Als er mit Hungertyphus in seiner Dachkammer lag, schrie er: »Die Moral muß die Elemente der Freiheit und des Zwangs harmonisch in sich vereinen – harmonisch, har ... har ... harm ...«

Von zarter Gesundheit, halb krank vom chronischen Hungerleiden, erschöpft von der hartnäckigen Suche nach einer stabilen Wahrheit, kannte er keine anderen Freuden, als Bücher zu lesen, und wenn er die Widersprüche zwischen zwei starken Geistern überbrückt zu haben glaubte, dann lächelten seine lieben, dunklen Augen in kindlichem Glück. Etwa zehn Jahre nach meinem Aufenthalt in Kasan sah ich ihn in Charkow wieder; er hatte fünf Jahre Verbannung in Kem hinter sich und studierte aufs neue an der Universität. Er schien mir in einem Ameisenhaufen von widersprüchlichen Gedanken zu leben. Gewürgt von der Tuberkulose, versuchte er, Nietzsche und Marx zu versöhnen, spie Blut, griff mit kalten, klebrigen Fingern nach meinen Händen und keuchte: »Ohne Synthese kann man nicht leben!«

Er starb auf dem Weg zur Universität in einem Straßenbahnwagen.

Ich habe nicht wenige Märtyrer des Geistes gekannt; ihr Andenken ist mir heilig.

Etwa zwei Dutzend Leute dieses Schlages kamen in Derenkows Wohnung zusammen, darunter war sogar ein Japaner, Student an der Geistlichen Akademie, Pantelejmon Sato. Gelegentlich stellte sich ein großer, breitbrüstiger Mann mit mächtigem, dichtem Vollbart und nach Tatarenart geschorenem Schädel ein. Er schien in seinen grauen, bis an das Kinn zugehakten Kosakenrock eingenäht. Gewöhnlich saß er in einer Ecke, rauchte seine kurze Pfeife und blickte alle aus grauen, gelassen musternden Augen an. Sein Blick blieb häufig aufmerksam an meinem Gesicht haften, ich fühlte, daß dieser ernste Mann mich in Gedanken abwog, und war vor ihm aus irgendeinem Grunde auf der Hut. Seine Schweigsamkeit setzte mich in Erstaunen. Alles ringsum redete laut, viel und äußerst bestimmt, und je heftiger, schärfer die Worte klangen, desto besser gefielen sie mir natürlich; ich ahnte sehr lange nicht, wie oft sich hinter den scharfen Worten kümmerliche und heuchlerische Gedanken verbargen. Weshalb schwieg sich der bärtige Riese aus?

Man nannte ihn Chochol, und es scheint, daß niemand außer Andrej seinen wirklichen Namen kannte. Ich erfuhr bald darauf, daß er erst kürzlich aus der Verbannung im Jakutsker Gebiet zurückgekehrt war, wo er zehn Jahre verbracht hatte. Das erhöhte mein Interesse für ihn, gab mir jedoch nicht den Mut, mich mit ihm bekannt zu machen, obwohl ich weder an Scheu noch an Schüchternheit litt, sondern im Gegenteil an einer unruhigen

Neugier krankte, dem Drang, alles so rasch wie möglich kennenzulernen. Diese Eigenart hat mich mein Leben lang gehindert, mich ernstlich einer Sache allein zu widmen.

Wenn man vom Volk sprach, fühlte ich, erstaunt und mißtrauisch gegen mich selbst, daß ich über dieses Thema unmöglich so denken konnte, wie jene Leute es taten. Für sie war das Volk der Inbegriff der Weisheit, der geistigen Schönheit und Gutherzigkeit, ein beinahe gottgleiches, in sich einiges Wesen, Gefäß der Prinzipien alles Vortrefflichen, Gerechten und Großen. Ich kannte ein solches Volk nicht. Ich sah Zimmerleute, Transportarbeiter, Maurer vor mir, ich kannte Jakow, Ossip, Grigorij, während man hier von einem in sich einigen und wesensgleichen Volk sprach und sich als unter ihm stehend, von seinem Willen abhängig betrachtete. Mir schien im Gegenteil, daß die Schönheit und Kraft des Gedankens eben in diesen Leuten verkörpert sei, daß eben in ihnen der gute, menschenfreundliche Wille zum Leben, zu seinem freiheitlichen Aufbau nach einem neuen Kanon der Menschenliebe brenne.

Gerade die Menschenliebe hatte ich bei den armseligen Menschen, unter denen ich bis dahin gelebt hatte, nicht gefunden, während sie hier in jedem Wort klang, in jedem Blick glühte.

Wie ein erfrischender Regen ergossen sich die Reden der Schwärmer für das Volk in mein Herz, und die naive Literatur über das finstere Leben des Dorfes und das Martyrium des Bauern half mir sehr. Ich fühlte, daß man nur dann, wenn man den Menschen sehr stark, sehr leidenschaftlich liebte, aus dieser Liebe die notwendige Kraft schöpfen könne, um den Sinn des Lebens herauszufinden und zu verstehen. Ich hörte auf, an mich selbst zu denken, und verhielt mich aufmerksamer zu den anderen.

Andrej Derenkow teilte mir vertrauensvoll mit, er verwende die bescheidenen Einkünfte aus seinem Handel restlos zur Unterstützung derer, die bekannten: »Des Volkes Geschick, sein wahres Glück: Freiheit und Licht.« Er drehte sich zwischen ihnen umher wie ein gläubiger Kirchendiener neben dem zelebrierenden Bischof und verbarg seine Begeisterung über die schlagfertigen Weisheiten der Buchgelehrten nicht. Glücklich lächelnd, die verkrüppelte Hand unter dem Rock versteckt, zupfte er an seinem weichen Bärtchen und fragte mich: »Gut, nicht wahr? Na also!«

Und wenn der Veterinär Lawrow – er hatte eine sonderbare Stimme, die an das Schnattern einer Gans erinnerte – den Narodniki ketzerisch widersprach, schloß Derenkow erschrocken die Augen und murmelte: »So ein Aufrührer!«

Sein Verhältnis zu den Narodniki ähnelte dem meinen, die Art und Weise jedoch, in der die Studenten ihn behandelten, erinnerte eher an das ein wenig grobe und lässige Verhalten des Herrn gegen den Knecht oder einen Gasthauslakaien. Er selbst bemerkte es nicht. Oft durfte ich, wenn die Gäste gegangen waren, bei ihm übernachten, wir räumten das Zimmer auf und unterhielten uns, auf Filzdecken auf dem Fußboden ausgestreckt, lange und freundschaftlich beim schwachen Schein des Lämpchens vor den Ikonen beinahe im Dunkeln.

Mit der stillen Freude des Gläubigen sagte er zu mir: »Es werden sich Hunderte, ja Tausende von solchen braven Menschen finden, sie werden alle wichtigen Stellungen in Rußland besetzen und das Leben mit einem Schlag völlig verändern!«

Er war etwa zehn Jahre älter als ich, und ich sah, daß ihm die rothaarige Nastja sehr gut gefiel. Er vermied es, ihr in die dreisten Augen zu sehen, sprach vor den Leuten in dem etwas trockenen Kommandoton eines Hausherrn zu ihr, sah ihr jedoch mit sehnsüchtigen Blicken nach und zupfte, wenn er sich unter vier Augen mit ihr unterhielt, verlegen und schüchtern lächelnd an seinem Bärtchen.

Auch seine kleine Schwester verfolgte die Redeschlachten aus einer Ecke. Ihr kindliches Gesicht blies sich vor lauter Anspannung komisch auf, die Augen waren weit geöffnet, und wenn besonders heftige Worte fielen, atmete sie so geräuschvoll ein, als hätte man sie mit eisigem Wasser bespritzt. Um sie herum stolzierte, gravitätisch wie ein Hahn, ein rothaariger Medizinstudent, der mit geheimnisvoll gedämpfter Stimme zu ihr sprach und eindrucksvoll die Brauen zusammenschob. All das war ungewöhnlich interessant.

Doch der Herbst brach an, und ein Leben ohne feste Beschäftigung wurde für mich unmöglich. Gebannt von alledem, was um mich herum vor sich ging, hatte ich immer weniger gearbeitet und mich von fremdem Brot ernährt, und fremdes Brot will stets nur schlecht die Kehle hinunter. Ich mußte mir für den Winter eine »Stellung« suchen und fand sie auch in der Feinbäckerei Wassilij Semjonows.

Ich habe diesen Abschnitt meines Lebens in den Erzählungen »Der Brotherr«, »Konowalow« und »Sechsundzwanzig und eine« beschrieben – eine schwere Zeit! Aber auch lehrreich.

Ich hatte es körperlich schwer, noch schwerer seelisch.

Nachdem ich in den Keller der Bäckerei hinabgestiegen war, wuchs zwischen mir und den Leuten, die zu sehen und denen zuzuhören ich nicht mehr missen wollte, eine »Wand des Vergessens« empor. Keiner von ihnen ließ sich bei mir in der Backstube seh , und ich selbst konnte wochentags, da ich vierzehn Stunden am Tage arbeitete, nicht zu Derenkow gehen. Feiertags schlief ich oder blieb mit meinen Arbeitsgenossen zusammen. Ein Teil von ihnen sah gleich von den ersten Tagen an eine Art Narren und Spaßmacher in mir, andere nahmen mich mit der naiven Liebe von Kindern zu einem Menschen auf, der interessante Märchen erzählen kann. Weiß der Teufel, was ich ihnen alles erzählte, selbstverständlich aber das, was ihnen Hoffnung auf ein anderes, leichteres und sinnvolleres Leben eingeben konnte. Manchmal gelang mir das, und wenn ich sah, wie sich die von menschlichem Kummer verschwollenen Gesichter erhellten und wie die Augen von Kränkung und Zorn aufflammten, hatte ich ein feiertägliches Gefühl und dachte stolz, daß ich jetzt »im Volke arbeite«, es »aufkläre«.

Aber natürlich mußte ich häufiger meine Ohnmacht, den Mangel an Wissen, die Unfähigkeit empfinden, selbst die einfachsten Fragen aus Leben und Alltag zu beantworten. Ich fühlte mich dann in eine dunkle Grube geworfen, in der die Menschen wie blinde Würmer herumwimmelten, nur darauf bedacht, die Wirklichkeit zu vergessen, und dieses Vergessen fanden sie in den Kneipen und in den kalten Umarmungen von Prostituierten.

Einmal im Monat, am Lohntag, ein Freudenhaus zu besuchen galt als selbstverständlich; von diesem Vergnügen träumte man laut schon eine Woche vor dem glücklichen Tag und erzählte sich, nachdem er vorüber war, lange von den erlebten Genüssen.

Man prahlte bei diesen Unterhaltungen mit seiner Kraft, höhnte erbarmungslos über die Frauen, spie angewidert aus.

Doch sonderbar! – ich hörte aus alledem, so kam mir vor, Trauer und Scham heraus. Ich sah, daß meine Gefährten sich in den »Freudenhäusern«, wo man für einen Rubel eine Frau für die ganze Nacht kaufen konnte, verlegen und schuldbewußt benahmen – das schien mir nur natürlich. Einige von ihnen führten sich hingegen allzu ungezwungen auf, mit einem Schneid, aus dem ich die Absicht, die Verstellung herausfühlte. Ich hatte ein unheimliches Interesse für die Beziehungen zwischen den Geschlechtern und beobachtete sie besonders scharf. Ich selbst genoß die Liebkosungen der Frauen noch nicht, und das versetzte mich in eine unangenehme Lage – sowohl meine Gefährten als auch die Frauen machten sich in boshafter Weise über mich lustig.

Bald hörte man auf, mich in die »Freudenhäuser« einzuladen, und erklärte offenherzig: »Wir gehen lieber allein, Verehrter!« – »Warum?« – »Nur so! Man fühlt sich mit dir nicht wohl.«

Ich klammerte mich an diese Worte, da ich etwas für mich Bedeutsames aus ihnen herausfühlte, bekam jedoch keine vernünftige Erklärung.

»So einer! Bleib da – hat man dir gesagt! Mit dir ist es langweilig . . .«

Und nur Artjom fügte spöttisch hinzu: »Wie wenn der Pope oder der eigene Vater dabei wäre.«

Die Mädchen machten sich zuerst über meine Zurückhaltung lustig, fragten dann aber gekränkt: »Wir sind dir wohl zuwider?«

Ein vierzigjähriges »Mädchen«, die »Chefin«, eine üppige, schöne Polin mit Namen Tereza Boruta, sah mit den klugen Augen eines Rassehundes zu mir hin und sagte: »Lassen wir ihn in Ruhe, Freundinnen, er hat bestimmt eine Braut – nicht wahr? Ein so kräftiger Bursche beherrscht sich bestimmt nur dank der Braut, nur dank ihr!«

Sie war eine periodisch dem Trunk verfallene Alkoholikerin und betrunken unbeschreiblich widerlich, während sie mich in nüchternem Zustand durch nachdenkliches Verhalten zu den Menschen, durch ruhiges Forschen nach dem Sinn ihrer Handlungen in Erstaunen setzte.

»Das unverständlichste Volk aber sind bestimmt die Studenten von der Akademie«, erzählte sie meinen Gefährten. »Hört, was sie mit den Mädchen machen! Sie lassen den Fußboden mit Seife einschmieren, stellen ein nacktes Mädchen mit allen vieren, also mit Händen und Füßen, auf Teller und geben ihr einen Stoß auf das Hinterteil – wie weit sie wohl auf dem Fußboden rutschen wird? Und so mit einer wie der anderen. Jawohl. Was soll das?«

»Du faselst!« sagte ich.

»O nein!« rief Tereza ruhig aus, ohne gekränkt zu sein. In dieser Ruhe war etwas Bedrückendes.

»Das hast du dir ausgedacht!«

»Wie könnte sich ein Mädchen so etwas ausdenken? Ja, bin ich denn verrückt?« fragte sie mit aufgerissenen Augen.

Man horchte mit gieriger Aufmerksamkeit auf unseren Streit, während Tereza immer mehr von den »Spielen« der Besucher erzählte – im leidenschaftslosen Ton eines Menschen, dem es nur darauf ankommt, zu verstehen, was das solle.

Die Zuhörer spien unter wüstem Schimpfen auf die Studenten angewidert aus. Als ich sah, daß Tereza Feindschaft gegen Menschen weckte, die ich schon in mein Herz geschlossen hatte, versuchte ich ihr auseinanderzusetzen, daß die Studenten das Volk liebten, sein Bestes wollten.

»Nun, das sind die aus der Woskressenskaja-Straße, von der Universität, die Weltlichen, während ich von den Geistlichen rede, denen vom Arskoje-Feld! Die Geistlichen sind nämlich alle Waisen, und eine Waise wächst ganz bestimmt zum Dieb oder Rohling, zu einem schlechten Menschen heran, eine Waise ist doch an niemand gebunden!«

Die gelassenen Erzählungen der »Chefin« und die bösen Klagen der Mädchen über Studenten, Beamte und überhaupt »das saubere Publikum« riefen bei meinen Gefährten nicht nur Widerwillen und Feindschaft, sondern beinahe Freude hervor. Sie äußerte sich in den Worten: »Dann sind also die Gebildeten schlechter als wir!«

Es tat mir bitter weh, solche Worte zu hören. Ich sah, daß sich in den kleinen, halbdunklen Zimmern der ganze Schmutz der Stadt wie in Abfallgruben sammelte, auf einem qualmenden Feuer zum Sieden kam und, gesättigt von Feindschaft und Wut, sich in die Stadt zurück ergoß. Ich beobachtete, wie in diesen Ritzen, in die der Trieb und die Langeweile des Lebens die Menschen verschlug, aus albernen Worten rührende Lieder von der Unruhe und Qual der Liebe entstanden, entstellende Legenden vom Leben der »Gebildeten« aufkamen und sich ein spöttisches, feindseliges Verhalten zu allem Unverständlichen herausbildete. Ich erkannte, daß die »Freudenhäuser« Universitäten darstellten, aus denen meine Gefährten Kenntnisse sehr giftiger Art nach Hause mitnahmen.

Da sah ich, wie sich die »Freudenmädchen«, träge mit den Füßen scharrend, über den schmutzigen Fußboden bewegten, wie widerwärtig ihre schlaffen Körper zum aufdringlichen Kreischen einer Harmonika oder dem aufreizenden Geklirr eines verstimmten Pianos wabbelten – ich sah's, und allerlei unklare, aber unruhige Gedanken überkamen mich. Von allem ringsum ging Langeweile aus und vergiftete die Seele mit dem ohnmächtigen Wunsch, irgendwohin zu entfliehen.

Wenn ich in der Werkstatt darzulegen begann, daß es Menschen gäbe, die uneigennützig nach Wegen zum Glück, zur Freiheit des Volkes suchten, entgegnete man mir: »Aber die Mädel erzählen von ihnen doch etwas ganz anderes!«

Und man lachte mich unbarmherzig und mit zynischer Bosheit aus. Ich war ein hitziger junger Dachs, der sich nicht dümmer, wohl aber furchtloser als die erwachsenen Dachse fühlte, und ärgerte mich. Da ich allmählich verstand, daß über das Leben nachdenken nicht weniger schwer war als das Leben selbst, verspürte ich in meinem Herzen gelegentliche Ausbrüche von Haß gegen die halsstarrige Geduld der Menschen, mit denen ich arbeitete. Besonders empörte mich ihre Fähigkeit, alles zu ertragen, die ergebene Hoffnungslosigkeit, mit der sie die Quengeleien des halbirren, betrunkenen Bäckereibesitzers hinnahmen.

Und wie zum Trotz war mir gerade in diesen schweren Tagen beschieden, eine neue Idee kennenzulernen, die mir organisch zwar widerstrebte, mich aber dennoch stark verwirrte.

In einer von jenen Schneesturmnächten, da der gehässig heulende Wind den grauen Himmel in winzige Fetzen zu zerreißen scheint, sie über die Erde verstreut und die Erde unter Wehen von eisigem Staub begräbt, da man meint, das Leben auf der Erde habe sein Ende erreicht, die Sonne sei erloschen und werde nicht wieder aufgehen – in einer solchen Nacht kehrte ich in der Fastnachtswoche von Derenkows zur Bäckerei zurück. Ich schritt mit geschlossenen Augen gegen den Wind durch das trübe Gebrodel des grauen Chaos dahin und stolperte plötzlich über einen Mann, der quer auf dem Bürgersteig lag.

Wir stießen beide das gleiche Schimpfwort aus, ich russisch und er französisch: »Zum Teufel . . .«

Das erregte meine Neugier, ich half ihm auf und stellte ihn auf die Beine – er war von kleinem Wuchs und leicht.

Er puffte mich und herrschte mich zornig an: »Meine Mütze, hol Sie der Teufel! Geben Sie mir meine Mütze! Ich erfriere!«

Ich fand die Mütze im Schnee, schüttelte die Flocken von ihr ab und setzte sie ihm auf den stachligen Kopf. Er riß sie jedoch wieder herunter, schwenkte sie hin und her, schimpfte in zwei Sprachen und schrie mich an: »Fort!«

Plötzlich stürzte er davon und verschwand in der brodelnden Suppe. Ich setzte meinen Weg fort und erblickte ihn aufs neue – er stand da, umklammerte den hölzernen Mast einer erloschenen Laterne und wiederholte eindringlich: »Lena, ich komme um . . . O Lena . . .«

Er war augenscheinlich betrunken und wäre womöglich erfroren, hätte ich ihn auf der Straße allein gelassen. Ich fragte ihn, wo er wohne.

»Welche Straße ist das hier?« rief er mit Tränen in der Stimme. »Ich weiß nicht, wie ich gehen muß.«

Ich faßte ihn um die Taille, zog ihn mit mir fort und forschte weiter, wo er denn wohne.

»Am Bulak«, murmelte er und zitterte. »Am Bulak . . . da ist eine Badeanstalt . . . das Haus . . .«

Seine Schritte waren unsicher, er kam immerfort aus dem Tritt und störte mich beim Gehen; ich hörte, wie er mit den Zähnen klapperte.

»Si tu savais«, brummte er und zerrte mich hin und her.

»Was sagen Sie?«

Er blieb stehen, hob die Hand und wiederholte deutlich und, wie mir schien, mit Stolz . . . »Si tu savais, où je te mène . . .«

Und er steckte den Finger in den Mund, wankte, sank beinah

um. Ich hockte nieder, nahm ihn auf den Rücken und trug ihn fort, während er, das Kinn auf meinen Schädel gestützt, brummte: »Si tu savais . . . Doch ich erfriere, o Gott . . .«

Am Bulak brachte ich mit Mühe aus ihm heraus, in welchem Haus er wohnte. Wir stiegen schließlich in den Flur eines kleinen Seitengebäudes hinauf, das sich am Ende des Hofs hinter Schneewehen versteckte.

Er ertastete die Tür, klopfte vorsichtig an und zischte: »Sch, sch! Leise . . .«

Eine Frau in rotem Morgenrock, mit einer brennenden Kerze in der Hand, öffnete die Tür. Sie machte uns Platz, trat schweigend beiseite, holte irgendwoher eine Lorgnette und musterte mich durch sie.

Ich sagte ihr, der Mann habe anscheinend erfrorene Hände, man müsse ihn ausziehen und ins Bett legen.

»Ja?« fragte sie mit klangvoller, junger Stimme.

»Die Hände müssen in kaltes Wasser getaucht werden . . .«

Sie zeigte schweigend mit der Lorgnette zur Ecke; dort stand auf einer Staffelei ein Bild – ein Fluß, Bäume. Ich sah der Frau erstaunt in das sonderbar regungslose Gesicht, während sie in eine Ecke des Zimmers ging, zu einem Tisch, auf dem eine Lampe mit rosa Schirm brannte, sich niederließ, einen Herz-Buben vom Tisch nahm und ihn betrachtete.

»Haben Sie keinen Wodka?« fragte ich laut. Sie legte auf der Tischplatte Karten und antwortete nicht. Der Mann, den ich hergeführt hatte, saß, den Kopf tief vorgeneigt, auf einem Stuhl; die roten Hände hingen am Körper herab.

Ich legte ihn auf ein Sofa und zog ihn aus. Ich verstand gar nichts mehr, alles erschien mir wie ein Traum. Die Wand über dem Sofa war ganz mit Photographien bedeckt, zwischen denen matt ein goldener Kranz mit weißen Schleifen schimmerte; auf dem Ende des Bandes stand in goldener Druckschrift:

»Der unvergleichlichen Gilda«

»Vorsichtiger – zum Teufel!« stöhnte der Mann, als ich seine Hände abzureiben begann.

Die Frau legte schweigend und besorgt die Karten. Ihr Gesicht war spitznäsig, vogelhaft, von großen, unbeweglichen Augen erhellt. Schließlich bauschte sie mit Händen, die an die Hände eines halbwüchsigen Mädchens erinnerten, die grauen, wie eine Perücke vollen Haare auf und fragte leise, aber klangvoll: »Hast du Mischa gesehen, Georges?«

Georges stieß mich zurück, richtete sich rasch auf und sagte hastig: »Aber er ist doch nach Kiew gefahren ...«

»Ach ja, nach Kiew«, wiederholte die Frau, ohne von den Karten aufzusehen, und ich bemerkte, daß ihre Stimme eintönig und ausdruckslos klang.

»Er ist bald wieder hier ...« – »Ja?« – »O ja! Bald.«

»Ja?« wiederholte die Frau.

Georges sprang, halb ausgezogen, vom Sofa, war in zwei Sätzen neben ihr, sank zu ihren Füßen auf die Knie und sagte irgend etwas auf Französisch zu ihr.

»Ich bin ganz ruhig«, entgegnete sie russisch.

»Ich habe mich, weißt du, verlaufen. Schneegestöber, ein furchtbarer Wind, ich dachte schon, ich würde erfrieren«, erzählte Georges hastig und streichelte ihr die Hand – sie lag auf ihrem Knie. Er war etwa vierzig Jahre alt, sein rotes Gesicht – mit dicken Lippen und schwarzem Schnurrbart – schien erschrocken und aufgeregt, er rieb sich beharrlich die grauen Borsten auf dem runden Kopf und sprach immer nüchterner.

»Wir fahren morgen nach Kiew«, sagte oder fragte die Frau – man hörte es nicht recht heraus.

»Ja, morgen! Du mußt dich ausruhen. Warum legst du dich nicht schlafen? Es ist schon reichlich spät ...«

»Mischa wird heute nicht kommen?«

»O nein! Bei diesem Schneegestöber ... Komm, leg dich schlafen ...«

Er nahm die Lampe vom Tisch und führte die Frau zu einer kleinen Tür hinter dem Bücherschrank. Ich saß lange allein, ohne an etwas zu denken, und horchte auf seine leise, ein wenig heisere Stimme. Zottige Tatzen schurrten über die Fensterscheiben hin. Schüchtern spiegelte sich die Kerzenflamme in einer Pfütze von zergangenem Schnee. Das Zimmer war mit Möbeln vollgestellt und von einem merkwürdigen, warmen Geruch erfüllt, der die Gedanken benebelte.

Schließlich kam Georges zurück, schwankend, die Lampe in

der Hand – der Schirm klopfte in einem fort gegen den Lampenzylinder.

»Sie hat sich hingelegt.«

Er stellte die Lampe auf den Tisch, blieb nachdenklich in der Mitte des Zimmers stehen und sagte, ohne mich anzusehen: »Nun ja, ohne dich wäre ich vermutlich umgekommen . . . Hab Dank! Wer bist du?«

Er neigte den Kopf zur Seite und horchte zusammenzuckend auf ein Geräusch im Zimmer nebenan.

»Ihre Frau?« fragte ich leise.

»Ja, meine Frau. Mein alles. Das ganze Leben!« sagte, den Blick zu Boden gerichtet, gedämpft, aber deutlich der Mann und rieb sich aufs neue kräftig den Kopf.

»Wollen wir noch einen Tee trinken?«

Er ging zerstreut zur Tür, erinnerte sich aber, daß sich das Stubenmädchen an Fisch übergessen hatte und ins Krankenhaus geschafft worden war, und blieb stehen.

Ich erbot mich, den Samowar aufzusetzen, er nickte zum Zeichen seines Einverständnisses und begleitete mich in die kleine Küche; er hatte offenbar vergessen, daß er halb ausgezogen war, und patschte mit bloßen Füßen über den nassen Fußboden.

In der Küche lehnte er sich mit dem Rücken gegen den Ofen und wiederholte: »Ohne dich wäre ich erfroren – hab Dank!«

Plötzlich fuhr er zusammen und starrte mich mit erschrocken geweiteten Augen an.

»Was wäre dann aus ihr geworden? Herrgott . . .«

Und hastig, flüsternd, den Blick auf die dunkle Höhlung der Tür gerichtet, setzte er hinzu: »Du siehst – sie ist krank. Ihr Sohn – er war Musiker – hat sich in Moskau erschossen. Es ist fast zwei Jahre her, aber sie wartet noch immer auf ihn . . .«

Später, als wir Tee tranken, erzählte er zusammenhanglos und mit seltsamen Worten, daß sie Gutsbesitzerin gewesen sei, während er – als Geschichtslehrer – ihren Sohn im Hause unterrichtet und sich in sie verliebt habe. Sie habe ihren deutschen Mann, einen Baron, verlassen und in der Oper gesungen. Sie hätten einträchtig miteinander gelebt, obwohl ihr erster Mann in jeder Weise bemüht gewesen sei, ihr das Leben zu vergällen.

Während er erzählte, spähte er aus zusammengekniffenen

Augen angespannt in der halbdunklen, schmutzigen Küche mit dem am Ofen durchgefaulten Fußboden umher. Er schlürfte seinen Tee, verbrühte sich und verzog das Gesicht; die runden Augen zwinkerten ängstlich.

»Wer bist du?« fragte er aufs neue. »Ja, so, Brezelbäcker, also Arbeiter? Sonderbar. Siehst gar nicht danach aus. Was soll das alles bedeuten?«

Seine Worte klangen unruhig, er sah mich mißtrauisch, mit den Augen eines Gehetzten an.

Ich erzählte ihm in kurzen Worten, wer ich war.

»So ist das also?« rief er leise aus. »So also ist das ...«

Plötzlich wurde er lebhaft und fragte mich: »Kennst du das Märchen vom häßlichen Entlein? Hast du's gelesen?«

Sein Gesicht verzerrte sich, er wurde zornig und verblüffte mich durch unnatürliche, fast kreischende Ausbrüche seiner ein wenig heiseren Stimme.

»Dieses Märchen bringt einen auf dumme Gedanken! Als ich so alt war wie du, habe ich mich gefragt, ob nicht auch ich ein Schwan sei. Und dann ... Ich sollte in die Akademie und ging zur Universität. Mein Vater – ein Geistlicher – sagte sich von mir los. Ich studierte in Paris die Geschichte des menschlichen Unheils – die Geschichte des Fortschritts. Ich schrieb auch, ja. Oh, wie alles das ...«

Er schnellte auf seinem Stuhl hoch, horchte und fuhr dann fort: »Der Fortschritt ist eine Erfindung, um sich selbst zu trösten. Das Leben ist unvernünftig, es hat keinen Sinn. Ohne Knechtschaft kein Fortschritt, ohne Unterordnung der Mehrheit unter die Minderheit stünde die Menschheit auf ihrem Wege still. Wir wollen uns unser Leben, unsere Arbeit erleichtern und komplizieren sie, erschweren sie nur. Fabriken und Maschinen sind dazu da, um immer neue Maschinen herzustellen – das ist einfach dumm! Die Arbeiter werden immer zahlreicher, gebraucht aber wird nur der Bauer, der das Brot erzeugt. Brot – das ist alles, was der Natur durch Arbeit abgerungen werden muß. Je weniger der Mensch benötigt, desto glücklicher ist er, je mehr Wünsche er hat, desto weniger Freiheit hat er auch.«

Ich hörte zum erstenmal, vielleicht nicht mit diesen Worten, doch ebendiese für mich verwirrenden Gedanken, dazu in einer so schroffen, summarischen Form. Der Mann, der in seiner Erregung aufgekreischt hatte, blickte ängstlich zur offenstehenden, in die inneren Zimmer führenden Tür, horchte in die Stille hinaus und flüsterte schließlich beinahe zornig fort: »Versteh doch, man braucht nicht viel – ein Stück Brot und ein Weib ...«

Vom Weib sprach er geheimnisvoll raunend, mit Worten, die ich nicht kannte, in Versen, die ich nicht gelesen hatte – er erinnerte mich plötzlich an den Dieb Baschkin.

»Beatrice, Fiametta, Laura, Ninon.« Er flüsterte Namen, von denen ich nichts wußte, erzählte von irgendwelchen verliebten Königen und Poeten und deklamierte französische Verse, deren Rhythmus er mit dem dünnen, bis an den Ellenbogen entblößten Arm schlug.

»Die Liebe und der Hunger regieren die Welt«, hörte ich ihn wie im Fieber murmeln und erinnerte mich, daß eben diese Worte auch unter dem Titel der revolutionären Broschüre »König Hunger« gestanden hatten – das verlieh ihnen in meinen Augen ein besonderes Gewicht, besondere Bedeutung.

»Die Menschen suchen Vergessen und Trost – nicht Wissen!«

Dieser Gedanke schmetterte mich endgültig nieder.

Ich verließ die Küche gegen Morgen – die kleine Wanduhr zeigte einige Minuten nach sechs. Ich schritt in der grauen Dämmerung über Schneewehen dahin, lauschte dem Heulen des Schneesturms und fühlte, während ich an das wütende Kreischen dieses gebrochenen Mannes zurückdachte, daß seine Worte mir in der Kehle steckten und mich würgten. Ich verspürte keine Lust, in die Bäckerei zurückzukehren und Menschen um mich zu sehen, und irrte, dick verschneit, in den Straßen der Tatarskaja-Vorstadt umher, bis es allmählich hell wurde und zwischen den Schneewehen die Gestalten der Stadtbewohner auftauchten.

Ich habe diesen meinen Lehrmeister nie wieder getroffen und hatte auch nicht den Wunsch, ihn wiederzusehen. Wiederholt jedoch habe ich später allerlei Reden über die Sinnlosigkeit des Lebens und die Nutzlosigkeit der Arbeit gehört – von Wanderern oder Pilgern, die weder lesen noch schreiben konnten, von obdachlosen Vagabunden, von »Tolstojanern« und hochgebildeten Menschen. Es sprachen davon ein Klostergeistlicher und Magister der Theologie, ein Chemiker, der sich mit Explosivstoffen befaßte, ein Biologe und Neovitalist und viele andere. Doch diese Ideen übten nicht mehr die niederschmetternde Wirkung auf mich aus wie damals, als ich sie kennenlernte.

Und erst vor zwei Jahren – mehr als dreißig Jahre nach der ersten Unterhaltung über dieses Thema – hörte ich die gleichen Gedanken, fast mit den gleichen Worten ausgedrückt, von einem alten Bekannten, einem Arbeiter.

Eines Tages kam es zwischen uns zu einer vertrauten Unterhaltung, und dieser Mann – ein »politischer Drahtzieher«, wie er sich mit süßsaurem Lächeln nannte – sagte mit der unerschrokkenen Aufrichtigkeit, die, wie es scheint, nur russischen Menschen eigen ist, zu mir: »Alexej Maximowitsch, Bester, ich brauche nichts, was sollen mir alle diese Akademien, diese Wissenschaften und Flugzeuge – ist doch alles überflüssig! Ich brauche nur einen stillen Winkel und ein Weib, das ich küssen kann, wann ich will, und das meine Liebe ehrlich, mit Leib und Seele erwidert – nur das! Sie urteilen als Intellektueller. Sie gehören nicht mehr zu uns. Sie sind vergiftet; für Sie steht die Idee über den armseligen Menschen. Sie denken wie ein Jude: Der Mensch – das ist mehr für den Sabbat, nicht wahr?«

»Die Juden denken nicht so . . .«

»Weiß der Teufel, wie sie denken – ist ein schwer zu begreifendes Volk«, entgegnete er, warf den Zigarettenstummel in den Fluß und blickte ihm nach.

Wir saßen am Ufer der Newa auf einer Granitbank in einer Mondnacht im Herbst, beide abgekämpft nach einem Tag voller nutzloser Aufregungen, voller hartnäckigen, aber vergeblichen Bemühens, etwas Gutes, Nützliches zustande zu bringen.

»Sie stehen bei uns, gehören aber nicht mehr zu uns, das ist es, was ich sagen will«, fuhr er nachdenklich mit leiser Stimme fort. »Den Intellektuellen macht es Freude, sich zu erregen, sie haben sich seit je der Rebellion verschrieben. Wie Christus Idealist war und überirdischer Ziele wegen rebellierte, so rebelliert auch die Intelligenz um einer Utopie willen. Es rebelliert der Idealist und mit ihm die Nichtsnutzigkeit, der Abschaum, dieser aus Wut, weil er sieht, daß im Leben kein Platz für ihn ist. Der Arbeiter ergreift Partei für die Revolution, weil er die richtige Verteilung der Arbeitsmittel und der Erzeugnisse erstrebt. Glauben Sie, er wird, wenn er die Macht endgültig übernommen hat, mit dem Staat einverstanden sein? Auf keinen Fall! Alle werden auseinanderlaufen, und jeder wird sich auf eigene Gefahr ein ruhiges Eckchen einrichten ...

Die Technik, sagen Sie? Aber sie zieht doch die Schlinge um unseren Hals nur fester zusammen, fesselt uns nur noch mehr! Nein, man muß sich von überflüssiger Arbeit befreien. Der Mensch will Ruhe. Die Fabriken, die Wissenschaften werden sie ihm nicht bringen. Der einzelne braucht nicht viel. Wozu soll ich eine Stadt aufeinandertürmen, wenn ich nur ein kleines Haus brauche? Wo man im Haufen zusammenlebt, da gibt es auch Wasserleitung, Kanalisation, Strom. Versuchen Sie mal, ohne das auszukommen – wie leicht alles sein wird! Nein, es gibt viel Überflüssiges bei uns, und all das kommt von der Intelligenz; ebendeshalb sage ich auch – die Intelligenz ist eine schädliche Kategorie.«

Ich erwiderte, niemand verstehe das Leben so gründlich und entschieden seines Sinnes zu berauben, wie wir Russen es tun.

»Geistig das freieste Volk«, spottete mein Gesprächspartner. »Nehmen Sie mir's nicht übel, aber ich urteile richtig, so denken bei uns Millionen, sie wissen es nur nicht auszudrücken ... Man muß das Leben einfacher machen, dann wird es barmherziger zu den Menschen sein ...«

Dieser Mann war nie Tolstojaner gewesen und hatte nie Neigungen zum Anarchismus gezeigt. Ich kenne die Geschichte seiner geistigen Entwicklung sehr gut.

Unwillkürlich fragte ich mich nach der Unterhaltung mit ihm: Wenn nun Millionen russischer Menschen die schweren Qualen der Revolution tatsächlich nur auf sich nehmen, weil sie im tiefsten Herzen die Hoffnung hegen, sich von der Arbeit zu befreien? Ein Minimum an Arbeit und ein Maximum an Genuß – das ist verführerisch und verlockt wie alles Unerfüllbare, wie jede Utopie.

Und ich erinnerte mich der Verse Henrik Ibsens:

> Sie sprechen als »konservativ« mich an?
> Ich bin, was ich war, seit ich denken kann.
> Beim Brettspiel weiß ich nicht mitzukrakeelen.

Macht tabula rasa! Da werd ich nicht fehlen.
Ich nehme nur *eine* Revolution wahr,
Die keines Pfuschers Exekution war.
Die nahm vorweg allen spätern die Glorie.
Ich meine natürlich die Sintfluthistorie.
Doch damals sogar ward der Teufel betrogen;
Denn Noah, Sie wissen, blieb Herr der Wogen.
Wir wollen die Rechnung noch einmal bereinigen;
Doch da müssen Männer und Redner sich einigen.
Ihr sprudelt aus unversieglichem Bronne.
Ich lege den Torpedo unter die Arche – mit Wonne.

Derenkows Laden brachte einen kaum nennenswerten Gewinn, doch die Zahl der Leute und »Geschäfte«, die eine materielle Unterstützung benötigten, wuchs immer mehr.

»Man muß sich etwas einfallen lassen«, sagte Andrej, zupfte bekümmert an seinem Bärtchen, lächelte schuldbewußt und seufzte aus tiefster Brust.

Mir schien, daß dieser Mann sich zu der lebenslänglichen Zwangsarbeit der Hilfeleistung für andere Menschen verurteilt glaubte und diese Strafe ihn, obwohl er sich mit ihr abgefunden hatte, gelegentlich doch bedrückte.

Wiederholt fragte ich ihn stets mit anderen Worten: »Warum tun Sie das?«

Er verstand meine Frage offenbar nicht und beantwortete mein »Warum« mit papierenen und wenig einleuchtenden Reden über das schwere Leben des Volkes, über die Notwendigkeit der Aufklärung, des Wissens.

»Und wollen die Menschen Wissen, suchen sie es?«

»Ich bitte Sie! Aber natürlich! Sie zum Beispiel – Sie wollen es doch?«

Ja, ich wollte es. Doch ich erinnerte mich auch der Worte des Geschichtslehrers: Die Menschen suchen Vergessen und Trost, nicht Wissen.

Für solche überspitzten Ideen ist die Begegnung mit Menschen, die ganze siebzehn Jahre alt sind, nicht zuträglich, die Ideen stumpfen durch diese Begegnungen ab, und auch die Menschen gewinnen dabei nicht.

Mir schien allmählich, ich hätte immer ein und dasselbe bemerkt: Den Menschen gefielen interessante Geschichten nur, weil sie es ihnen erlaubten, das gewohnte, aber schwere Leben für eine Stunde zu vergessen. Je mehr »Erfindung« in einer Erzählung war, desto begieriger lauschte man ihr. Interessant war ein Buch, in dem es viel schöne »Erfindung« gab. Ich schwamm, kurz gesagt, in einem undurchdringlichen Nebel.

Derenkow kam auf den Einfall, eine Bäckerei zu eröffnen. Ich erinnere mich – man hatte sich haargenau ausgerechnet, daß dieses Unternehmen nicht weniger als fünfunddreißig Prozent je umgesetzten Rubel einbringen mußte. Ich sollte als »Gehilfe« des Bäckermeisters mitarbeiten und in meiner Eigenschaft als »Vertrauensperson« darauf achten, daß der besagte Bäcker kein Mehl und keine Eier, keine Butter und keine fertigen Backwaren stahl.

Ich siedelte also aus dem großen schmutzigen Keller in einen kleinen über, der aber sauberer war – die Sorge um seine Sauberkeit lastete auf meinen Schultern. Statt eines Artels von vierzig Mann hatte ich hier nur einen vor mir. Er hatte graue Schläfen, ein spitzes Bärtchen, ein trockenes, verräuchertes Gesicht, dunkle, nachdenkliche Augen und einen sonderbaren Mund – klein wie bei einem Barsch, aber mit dicken, wulstigen Lippen, die so geschürzt waren, als ob sie in Gedanken küßten. Etwas Spöttisches glomm tief in seinen Augen.

Er stahl natürlich – gleich in der ersten Nacht brachte er ein Dutzend Eier, ungefähr drei Pfund Mehl und ein ansehnliches Stück Butter beiseite.

»Wo soll das hingehen?«

»Das ist für ein Mädel bestimmt«, entgegnete er freundschaftlich, zog die Nase kraus und fügte hinzu: »Ein nettes Mädel!«

Ich versuchte ihn davon zu überzeugen, daß Stehlen ein Verbrechen sei. Aber entweder fehlte es mir an Beredsamkeit, oder ich war selber nicht fest genug von dem überzeugt, was ich beweisen wollte – meine Rede hatte keinen Erfolg.

Auf der Teiglade ausgestreckt, den Blick durchs Fenster den Sternen zugewandt, murmelte der Bäcker erstaunt: »Er belehrt mich! Sieht mich zum erstenmal und – belehrt mich! Dabei bin ich dreimal so alt wie er. Lächerlich . . .«

Er sah sich die Sterne an und fragte: »Mir ist, als ob ich dich schon irgendwo gesehen hätte – bei wem hast du gearbeitet? Bei Semjonow? Da, wo sie gemeutert haben? Soso. Dann habe ich dich also im Traum gesehen ...«

Schon nach wenigen Tagen bemerkte ich, daß er beliebig viel und in jeder beliebigen Lage schlafen konnte, selbst – auf die Schaufel gestützt – im Stehen. Beim Einschlafen hob er die Brauen, und sein Gesicht veränderte sich sonderbar – es nahm den Ausdruck von ironischem Erstaunen an. Sein Lieblingsthema aber waren Geschichten von Träumen und vergrabenen Schätzen.

Überzeugt behauptete er: »Ich sehe durch die Erde hindurch. Sie ist wie eine gut gefüllte Pirogge, überall sind Töpfe, Truhen und Kochgeschirre voll Gold vergraben. Schon wiederholt ist folgendes passiert: Ich sehe im Traum eine bekannte Stelle, sagen wir ein Badehaus, unter dessen einer Ecke eine Kiste mit Silbergeschirr versteckt ist. Ich wache auf, gehe mitten in der Nacht, sie auszugraben, grabe wohl anderthalb Arschin tief – und was sehe ich? Kohlen und einen Hundeschädel! Und das nennt sich – ein Schatz! ... Plötzlich – pardauz – geht eine Fensterscheibe in Scherben, und irgendein Bauernweib zetert außer sich drauflos: ›Zu Hilfe, Diebe!‹ Ich rannte natürlich davon, sie hätten mich sonst verprügelt. Lächerlich.«

Dieses Wort »Lächerlich!« höre ich oft, aber Iwan Kusmitsch Lutonin lacht nicht, er zieht nur mit lächelnd zusammengekniffenen Augen die Nase kraus und bläht die Nasenflügel.

Seine Träume sind einfältig, sind ebenso langweilig und ungereimt wie die Wirklichkeit, und ich verstehe nicht, warum er seine Träume mit Begeisterung erzählt, während er von dem, was um ihn herum vorgeht, nicht gern spricht.*

Die ganze Stadt ist in Aufruhr. Eben von der Trauung zurückgekehrt, hat sich die Tochter eines reichen Teehändlers, die zu der Heirat gezwungen wurde, erschossen. Eine riesige Schar junger Leute – mehrere Tausend an der Zahl – sind ihrem Sarge ge-

* In den neunziger Jahren las ich in einer Zeitschrift für Archäologie, daß ein gewisser Lutonin-Korowjakow irgendwo im Tschistopoler Kreis auf einen Schatz gestoßen sei – einen Kochtopf mit arabischen Münzen. (M. Gorki)

folgt, Studenten haben am offenen Grab Reden gehalten, die Polizei hat sie auseinandergejagt. Im kleinen Laden neben der Backstube erhitzt man sich über dieses Drama, der Raum hinter dem Laden ist voller Studenten, erregte Stimmen und heftige Worte dringen zu uns in den Keller.

»Man hat diese Jungfer zu wenig am Zopfe gezaust«, meint Lutonin und fährt gleich darauf fort: »Mir träumte also, ich angle im Teich Karauschen, und plötzlich schreit ein Polizist: ›Halt, wie kannst du dich unterstehen?‹ An Fliehen war gar nicht zu denken, ich also ins Wasser, tauche unter und – wache auf . . .«

Obwohl sich jedoch die Wirklichkeit außerhalb des Bereiches seiner Aufmerksamkeit vollzog, fühlte er doch bald heraus, daß die Bäckerei nicht ganz alltäglich war: Im Laden verkauften Mädchen, die wenig dazu geeignet schienen und Bücher lasen – die Schwester des Prinzipals und deren große, rotwangige, freundlich blickende Freundin. Studenten kamen, saßen lange im Zimmer hinter dem Laden herum und lärmten oder flüsterten. Der Prinzipal zeigte sich nur selten, und ich, der Gehilfe, stellte sozusagen seinen Bevollmächtigten dar.

»Bist du mit dem Besitzer verwandt?« erkundigt sich Lutonin. »Oder will er dich etwa zum Schwiegersohn? Lächerlich. Und wieso treiben sich hier die Studenten herum? Wegen der Fräuleins . . . Nun ja. Das könnte schon sein . . . Obwohl die Fräuleins nur mäßig hübsch und verlockend sind . . . Die Studenten werden sich eher an die Brötchen als an die Fräulein halten . . .«

Fast täglich taucht um fünf oder sechs Uhr morgens draußen vor dem Backstubenfenster ein kurzbeiniges Mädchen auf; sie ist aus lauter Halbkugeln verschiedener Größen zusammengesetzt und erinnert an einen Sack Wassermelonen. Sie läßt die nackten Beine in die Grube vor dem Fenster hinunterbaumeln, gähnt und ruft: »Wanja!«

Um den Kopf trägt sie ein buntes Tuch. Ihr helles lockiges Haar quillt unter ihm hervor, fällt kleingeringelt über die roten, gleich Bällen aufgeblasenen Wangen und über die niedrige Stirn und kitzelt die schläfrigen Augen. Sie streicht die Haare mit ihren kleinen Händen träge aus dem Gesicht – die Finger sind spaßig gespreizt wie bei einem Neugeborenen. Wovon man sich mit so einem Mädchen wohl unterhalten kann?

Ich wecke den Bäcker, und er erkundigt sich bei ihr: »Du bist also gekommen?« – »Wie du siehst.« – »Hast du geschlafen?« – »Was denn sonst?« – »Wovon hast du geträumt?« – »Ich weiß nicht mehr . . .«

Es ist still in der Stadt. Immerhin schurrt irgendwo schon der Besen eines Hausknechts, und die eben erwachten Spatzen zwitschern. Die wohlig warmen Strahlen der aufgehenden Sonne fallen auf die Fensterscheiben. Diese nachdenklichen Tagesanfänge habe ich sehr gern. Der Bäcker steckt den behaarten Arm zum Fenster hinaus und tastet über die Beine des Mädchens hin. Sie unterwirft sich der Begutachtung teilnahmslos, ohne zu lächeln, nur ihre Schafsaugen zwinkern.

»Peschkow, nimm das Buttergebäck heraus, es ist soweit!«

Ich ziehe die eisernen Bleche aus dem Ofen, der Bäcker greift ein Dutzend Kuchenbrötchen, Blätterteigwecken und »Zöpfe« heraus und wirft sie dem Mädchen in den Rockschoß, sie wälzt ein heißes Kuchenbrötchen aus einer Hand in die andere, beißt mit ihren gelben Schafszähnen zu, verbrennt sich den Mund und stöhnt ärgerlich.

Der Bäcker schmachtet sie an und sagt: »Zieh den Rocksaum herunter, Schamlose . . .«

Als sie wieder gegangen ist, prahlt er vor mir: »Was sagst du nun? Ganz voller Löckchen – wie so ein Schaflamm. Ich, mein Lieber, halte auf Sauberkeit, mit Verheirateten lasse ich mich nicht ein, nur mit Jungfrauen. Das ist die dreizehnte bei mir! Nikiforytschs Patenkind.«

Ich höre mir seine Ergüsse an und denke: Werde auch ich so leben?

Nachdem ich das Weißbrot, das nach Gewicht verkauft wird, aus dem Ofen genommen habe, packe ich zehn, zwölf Laibe auf ein langes Brett und eile damit zu Derenkows Laden, stopfe, von dort zurückgekehrt, einen Zweipudkorb mit Brötchen und Buttergebäck voll und laufe zur Geistlichen Akademie, um noch zum Morgentee zurechtzukommen. Dort stehe ich im geräumigen Speiseraum an der Tür und versorge die Studenten mit Brötchen – auf Kredit oder gegen bar; stehe da und lausche ihren Diskussionen über Tolstoi. Einer der Professoren an der Akademie, Gussew, ist ein erbitterter Feind Leo Tolstois. Manchmal liegen in meinem Korb unter den Brötchen Bücher, die ich diesem oder jenem Studenten unbemerkt zustecken soll, manchmal verstecken auch die Studenten Bücher oder Zettel in meinem Korb.

Einmal in der Woche lief ich noch weiter – in das »Verrücktenhaus«, wo der Psychiater Bechterew Vorlesungen hielt und Kranke demonstrierte. Eines Tages führte er den Studenten einen Größenwahnsinnigen vor. Als der lange Mann in seiner weißen Kleidung, eine Zipfelmütze auf dem Kopf, in der Tür des Auditoriums erschien, mußte ich unwillkürlich lächeln. Aber dann sah er mir, als er eine Sekunde neben mir stehenblieb, ins Gesicht, und ich prallte zurück – es war, als hätte mich die schwarze Flamme seines Blicks wie eine Klinge ins Herz getroffen. Und während der ganzen Zeit, in der sich Bechterew, an seinem Bart herumzupfend, respektvoll mit dem Kranken unterhielt, wischte ich mir heimlich das wie von heißem Staub verbrannte Gesicht.

Der Kranke sprach mit dumpfer Baßstimme, forderte etwas, streckte den langen Arm mit der langfingrigen Hand drohend unter dem Kittelärmel hervor. Mir schien, sein ganzer Körper dehne sich unnatürlich aus, wachse ins Ungeheure, und er, der Kranke, werde, ohne sich von der Stelle zu rühren, mit seiner schwarzen Hand nach mir langen, mich an der Gurgel packen. In den dunklen Augenhöhlen des knochigen Gesichts blitzte drohend und herrisch der bohrende Blick seiner schwarzen Augen. Die etwa zwei Dutzend Studenten blickten den Mann mit der albernen Mütze aufmerksam an – einige lächelnd, die meisten konzentriert und traurig, mit Augen, die im Vergleich zu den versengenden Augen des Kranken betont alltäglich wirkten. Er erschien unheimlich, und zugleich war etwas Majestätisches an ihm!

Im Schweigen der Studenten, die stumm wie die Fische waren, klang deutlich die Stimme des Professors, und auf jede seiner Fragen folgte eine geharnischte Antwort der dumpfen Stimme. Sie schien unter dem Fußboden, hinter den leblosen weißen Wänden hervorzukommen. Die Bewegungen des Kranken waren langsam und feierlich wie die eines Bischofs.

Ich schrieb nachts über diesen Besessenen Verse, in denen ich ihn als »Herrscher aller Herrscher, als Freund und Ratgeber

Gottes« ansprach, und seine Gestalt lebte lange in mit fort und behinderte mich.

Ich arbeitete von sechs Uhr abends beinahe bis mittags, wobei ich am Tage schlief und nur während der Arbeit zum Lesen kam – wenn ich den einen Teig eingerührt hatte und darauf wartete, daß ein anderer säuerte, oder das Brot in den Ofen geschoben war. Je weiter ich in die Geheimnisse des Handwerks eindrang, desto weniger arbeitete der Bäcker; und mit freundlichem Erstaunen »belehrte« er mich: »Du hast in der Arbeit was los, du kannst in ein, zwei Jahren Bäcker sein. Lächerlich! Du bist zu jung, man wird nicht auf dich hören, dir keinen Respekt entgegenbringen ...«

Meine Begeisterung für Bücher mißbilligte er.

»Du solltest nicht soviel lesen, sondern schlafen«, riet er besorgt, fragte mich aber nie, welche Bücher ich lese.

Die Träume, der Glaube an vergrabene Schätze und das rundliche, kurzgewachsene Mädchen füllten ihn vollkommen aus. Das Mädchen kam öfter nachts. Er zerrte sie dann auf die Mehlsäcke im Flur oder zog – wenn es kalt war – die Nase kraus und sagte zu mir: »Geh doch mal für ein halbes Stündchen raus!«

Ich ging und dachte mir: Wie wenig das doch der Liebe gleicht, von der in Büchern erzählt wird ...

In dem kleinen Zimmer hinter dem Laden hauste die Schwester des Ladenbesitzers. Ich setzte den Samowar für sie auf, war aber sonst bemüht, sie möglichst selten zu sehen – ich fühlte mich in ihrer Gegenwart nicht wohl. Ihre kindlichen Augen blickten mich noch immer mit dem gleichen unerträglichen Blick an wie bei den ersten Begegnungen. Ich ahnte in ihrer Tiefe ein Lächeln; mir schien, daß dieses Lächeln spöttisch sei.

Ich war vor lauter überschüssiger Kraft sehr ungeschickt, und der Bäcker, der mich dabei beobachtete, wie ich die fünf Pud schweren Säcke hin und her schob oder auf dem Rücken herumschleppte, bedauerte mich: »Kräfte hast du für drei, aber es fehlt dir an Gewandtheit! Und wenn du noch so dünn und lang bist – du bleibst ein Bulle ...«

Obwohl ich nicht wenig Bücher gelesen hatte, Verse liebte und selber Verse zu schreiben begann, redete ich doch »meine eigene Sprache«. Ich fühlte, daß sie schwerfällig und heftig war, aber mir schien, daß ich die tiefe Verwirrung meiner Gedanken nicht anders ausdrücken könne. Und manchmal stellte ich mich auch absichtlich grob – aus Protest gegen etwas Fremdes, Aufreizendes.

Einer von meinen Lehrmeistern, ein Student der Mathematik, warf mir vor: »Weiß der Teufel, wie Sie reden! Nicht mit Worten, mit Gewichten!«

Alles in allem gefiel ich mir selber nicht, wie das bei Halbwüchsigen häufig vorkommt; ich fand mich komisch und ungeschlacht. Mein Gesicht mit den starken Backenknochen erinnerte an das Gesicht eines Kalmücken; die Stimme gehorchte mir nicht.

Die Schwester meines Brotherrn dagegen bewegte sich leicht und gewandt wie eine Schwalbe in der Luft, wenn mir auch schien, daß die Leichtigkeit ihrer Bewegungen nicht der runden, weichen Gestalt entsprach. Ihre Gebärden, ihr Gang stimmten nicht recht, sie hatten etwas Gemachtes. Die Stimme klang heiter, sie lachte viel, und wenn ich ihr helles Lachen hörte, sagte ich mir: Sie will mich vergessen machen, wie ich sie das erstemal sah. Ich aber wollte es nicht vergessen, das Ungewöhnliche war mir teuer, ich mußte wissen, daß es möglich war und vorkam.

Gelegentlich erkundigte sie sich: »Was lesen Sie?«

Ich gab kurz Auskunft. Ich hätte sie gern gefragt: Wozu müssen Sie das wissen?

Eines Tages, als der Bäcker die Kurzbeinige herzte, sagte er mit trunkener Stimme zu mir: »Geh doch mal einen Augenblick raus! Hach, du solltest dich an die Schwester des Brotherrn machen, was schläfst du? Die Studenten ...«

Ich versprach, ihm mit einem Gewicht den Schädel einzuschlagen, wenn er noch einmal Ähnliches sage, und ging in den Flur hinaus, zu den Säcken. Durch den Spalt in der angelehnten Tür hörte ich Lutonins Stimme: »Warum ärgere ich mich über ihn? Er hat sich mit Büchern vollgesogen und ist eine Art Verrückter ...«

Im Flur rumoren und piepsen die Ratten, in der Backstube ächzt und stöhnt das Mädel. Ich trete auf den Hof hinaus, träge, fast lautlos fällt ein feiner Regen, es ist aber dennoch schwül, die Luft ist von Brandgeruch gesättigt – die Wälder brennen. Mitternacht ist längst vorbei. Die Fenster des Hauses gegenüber der

Bäckerei stehen offen. In den matt erleuchteten Zimmern wird gesungen:

»Auf sie nieder blickt hold
Das Gesicht wie aus Gold,
Er, der heil'ge Warlam,
Und er lächelt sehr ...«

Ich versuche mir Marija Derenkowa auf meinen Knien liegend vorzustellen – wie die Liebste des Bäckers auf seinen Knien liegt, und fühle mit allen Fasern meines Seins, daß das unmöglich ist und sogar furchtbar wäre.

»Und die Nacht hindurch trinkt,
Trinkt er weiter und singt
Und beschäftigt sich ... oh ...
Auch mit anderem mehr ...«

Übermütig hebt sich vom Chor das »Oh« einer tiefen Baßstimme ab. Vorgebeugt, die Hände auf die Knie gestützt, blicke ich zu einem Fenster hinein. Durch das Spitzenwerk des Vorhangs erkenne ich ein quadratisches Kellerloch. Die grauen Wände sind von einem Lämpchen mit himmelblauem Schirm beleuchtet. Neben ihm sitzt, mit dem Gesicht zum Fenster, ein junges Mädchen und schreibt. Sie blickt auf und streicht mit dem roten Federhalter eine Haarsträhne aus der Schläfe. Sie kneift die Augen zusammen, lächelt. Langsam faltet sie den Brief, klebt den Umschlag zu, wobei sie den Rand mit der Zunge befeuchtet, wirft den Brief auf den Tisch und droht ihm mit dem winzigen Zeigefinger – mein kleiner Finger ist größer als er. Dann nimmt sie den Brief jedoch wieder vom Tisch, verfinstert sich und reißt den Umschlag auf; sie überliest den Brief, steckt ihn in einen anderen Umschlag, klebt ihn zu, schreibt, über den Tisch gebeugt, die Adresse und schwenkt ihn wie eine weiße Fahne in der Luft. Sie verzieht sich tänzelnd, die Arme über dem Kopf zusammenschlagend, in die Ecke, in der ihr Bett steht, kehrt ohne Bluse von dort zurück – ihre Schultern sind rund wie Pfannkuchen –, nimmt die Lampe vom Tisch und verschwindet aufs neue in der Ecke. Wenn man beobachtet, wie sich ein Mensch aufführt, der allein mit sich ist, erscheint er einem geistesgestört. Ich gehe auf dem Hof umher und denke darüber nach, wie seltsam sich doch dieses Mädchen benimmt, wenn sie allein in ihrem Mauseloch ist.

Wenn aber dann gelegentlich der rotblonde Student zu ihr kommt und mit gedämpfter Stimme, beinahe flüsternd, auf sie einspricht, zieht sie sich ganz in sich zusammen, wird noch kleiner, blickt ihn schüchtern an und verbirgt die Hände hinter dem Rücken oder unter dem Tisch. Mir gefällt dieser Rothaarige nicht. Ganz und gar nicht.

Ein wenig schwankend kommt, in ihr Tuch gemummt, die Kurzbeinige daher und knurrt: »Geh in die Backstube . . .«

Der Bäcker, der den Teig aus der Lade herausbringt, erzählt mir, wie herzerquickend und unermüdlich doch seine Liebste sei; und ich überlege: Wie soll es nur mit mir weitergehen?

Und mir scheint, irgendwo in der Nähe, gleich um die Ecke, lauere ein Unglück auf mich.

Die Geschäfte gehen so gut, daß sich Derenkow schon nach einer anderen, größeren Bäckerei umsieht und beschlossen hat, einen zweiten Gehilfen anzustellen. Das ist nur gut – ich habe allzuviel Arbeit, ich werde stumpfsinnig vor Müdigkeit.

»Du wirst in der neuen Bäckerei mein erster Gehilfe sein«, verspricht mir der Bäcker. »Ich werde vorschlagen, daß man dir zehn Rubel im Monat gibt. Das tue ich.«

Ich verstehe, daß es für ihn vorteilhaft ist, mich als ersten Gehilfen neben sich zu haben – er liebt die Arbeit nicht, während ich gern arbeite. Die Müdigkeit tut mir wohl, sie bannt meine seelische Unruhe, beschwichtigt die hartnäckigen Forderungen des Geschlechtstriebes. Dafür erlaubt sie mir nicht zu lesen.

»In Ordnung, daß du die Bücher beiseite gelegt hast – sollen die Ratten sie fressen!« meint der Bäcker. »Aber hast du denn wirklich keine Träume? Wahrscheinlich hast du welche und verbirgst sie nur! Lächerlich! Von seinen Träumen erzählen ist doch das Harmloseste, was es gibt, da braucht man wirklich nichts zu befürchten . . .«

Er ist sehr freundlich zu mir, er scheint sogar Respekt vor mir zu haben. Oder er fürchtet sich vor mir – der Vertrauensperson des Prinzipals –, obgleich ihn das nicht hindert, regelmäßig zu stehlen.

Die Großmutter war gestorben. Ich erfuhr von ihrem Tod sieben Wochen nach der Beerdigung, aus einem Brief, den mir mein Vetter schrieb. In diesem kurzen Brief – er enthielt keine Kommas – stand zu lesen, daß die Großmutter vor einer Kirche, wo sie um Almosen gebettelt hatte, hingefallen war und sich ein Bein gebrochen hatte. Am achten Tage kam der Brand dazu. Später erfuhr ich, daß die alte Frau meine beiden Vettern und die Base mit ihren Kindern – alles gesunde, junge Menschen – auf dem Halse gehabt und von den milden Gaben ernährt habe, die sie empfing. Auf den Gedanken, einen Arzt zu holen, kam keiner.

Im Brief hieß es: »Sie ist auf dem Petropawlowskoje-Friedhof beerdigt wo die Unseren alle beerdigt sind und viele Bettler gaben ihr das Geleit sie hatten sie geliebt und weinten. Auch der Großvater weinte er schickte uns fort während er selber am Grabe blieb wir sahen durch die Büsche wie er weinte auch er wird bald sterben.«

Ich habe nicht geweint, ich weiß nur: Mir war, als bliese mir ein eisiger Wind ins Gesicht. Als ich nachts im Hof auf einem Holzstapel saß, fühlte ich den hartnäckigen Wunsch, jemandem von meiner Großmutter zu erzählen – wie herzensklug, wie mütterlich sie zu allen gewesen war. Lange lastete dieser Wunsch auf meiner Seele, aber es war niemand da, dem ich es hätte erzählen können, und der Wunsch brannte schließlich unausgesprochen aus.

Ich dachte viele Jahre später an diese Tage zurück, als ich Tschechows erstaunlich wahre Erzählung vom Lohnkutscher las, der sich mit seinem Pferd über den Tod seines Sohnes unterhält. Und ich bedauerte, daß ich in jenen Tagen heftigen Kummers weder ein Pferd noch einen Hund neben mir gehabt hatte, auch nicht auf den Gedanken gekommen war, mein Leid den Ratten zu klagen – es gab viele Ratten in der Bäckerei, und ich lebte in Freundschaft mit ihnen.

Um mich herum begann gleich einem Geier der Polizist Nikiforytsch zu kreisen. Stattlich, kräftig, den Kopf voller silberner Borsten, mit einem vollen, sorgsam gestutzten Bärtchen, blickte er mich genießerisch schmatzend an – als wäre ich eine Gans, die er zu Weihnachten schlachten wollte.

»Du liest gern, wie ich höre?« fragte er mich. »Was denn für

Bücher zum Beispiel? Sagen wir – die Heiligenlegenden oder die Bibel?«

Ja, ich las sowohl die Bibel als auch Heiligenlegenden. Das setzte Nikiforytsch in Erstaunen und brachte ihn offenbar aus dem Konzept.

»Hm . . . ja? Eine gesetzliche und nützliche Lektüre! Und hast du zufällig etwas vom Grafen Tolstoi gelesen?«

Auch Tolstoi hatte ich gelesen, doch – wie sich herausstellte – nicht das, wofür sich der Polizist interessierte.

»Das sind, sagen wir mal, gewöhnliche Werke, wie jeder sie schreibt; er zieht aber in einigen, so wird behauptet, gegen die Popen vom Leder – die müßte man lesen!«

Ich hatte zwar »einige« solche – sie waren hektographiert – gelesen, sie aber langweilig gefunden und wußte auch, daß man mit der Polizei am besten nicht darüber sprach.

Nach einigen flüchtigen Begegnungen auf der Straße lud mich der Alte ein: »Komm doch zu mir auf meine Bude, wir wollen Tee trinken!«

Ich war mir natürlich darüber im klaren, was er von mir wollte, wäre aber gern zu ihm hingegangen. Ich beriet mich mit gescheiten Leuten, und wir kamen zu dem Schluß, daß es für mich nicht ratsam sei, die liebenswürdigen Einladungen des Polizisten auszuschlagen – das könne seinen Verdacht gegen die Bäckerei nur verstärken.

Und schließlich bin ich bei Nikiforytsch zu Gast. Ein Drittel der kleinen Bude nimmt ein russischer Ofen ein, ein zweites Drittel ein Doppelbett mit Baumwollvorhang und vielen Kissen in roten Kattunbezügen, den Rest des Raumes schmücken ein Geschirrschrank, ein Tisch, zwei Stühle und eine Fensterbank. Nikiforytsch sitzt, den Uniformrock aufgeknöpft, auf der Bank und verdeckt mit seinem Körper das einzige kleine Fenster. Neben mir sitzt sein Eheweib, ein vollbusiges kleines Frauenzimmer von etwa zwanzig Jahren, rotwangig, mit listigen, bösen Augen von seltsam graublauem Ton; ihre grellroten Lippen sind übellaunig geschürzt, das Stimmchen klingt trocken und ärgerlich.

»Mir ist bekannt«, sagt der Polizist, »daß bei euch in der Bäkkerei mein Patenkind Sekleteja verkehrt, ein liederliches, gemeines Mädel. Überhaupt sind alle Weiber gemein.«

»Alle?« erkundigt sich seine Frau.

»Alle!« bekräftigt mit aller Bestimmtheit Nikiforytsch und klirrt mit seinen Medaillen wie ein Gaul mit dem Pferdegeschirr.

Er schlürft den Tee aus der Untertasse und wiederholt offensichtlich genießerisch: »Sie sind gemein und zuchtlos von der letzten Straßendirne bis ... zu den Zarinnen und Königinnen! Die Königin von Saba ist zweitausend Werst durch die Wüste gereist, um Unzucht mit dem König Salomo zu treiben. Und auch die Zarin Katharina, obwohl man sie die Große nennt ...«

Er erzählt mit allen Einzelheiten die Geschichte von einem Heizer, der im Laufe einer Nacht, die er mit der Zarin verbringt, nach und nach immer höher befördert wird – vom Sergeanten bis zum General. Seine Frau hört aufmerksam zu, leckt sich die Lippen und stößt mich unter dem Tisch mit dem Fuß an.

Nikiforytsch spricht sehr fließend, sehr gewählt und geht unbemerkt zu einem anderen Thema über: »Es gibt hier zum Beispiel einen Studenten im ersten Studienjahr – Pletnjow.«

Seine Ehefrau flicht mit einem Seufzer ein: »Hübsch ist er nicht, aber nett!« – »Wer?« – »Der Herr Pletnjow.« – »Erstens ist er kein Herr; das wird er erst sein, wenn er ausgelernt hat; vorerst ist er nur ein Student, wie es Tausende bei uns gibt. Und zweitens – was heißt nett?« – »Nun – lustig, jung!« – »Erstens ist auch der Possenreißer in seiner Schaubude lustig ...« – »Der Possenreißer ist lustig für Geld.« – »Kusch da! Zweitens pflegt auch ein Rüde zunächst ein kleines Hündchen zu sein ...« – »Der Possenreißer ist aber so was wie ein Affe.« – »Kusch habe ich gesagt! Hast du verstanden?« – »Ja doch.« – »Na also ...«

Und Nikiforytsch schlägt mir vor, nachdem er seine Frau gebändigt hat: »Du solltest dich mit diesem Pletnjow bekannt machen – er ist sehr interessant.«

Da er mich vermutlich öfter mit Pletnjow auf der Straße gesehen hat, entgegne ich: »Wir kennen uns schon.«

»Ach was? Soso ...«

Aus seinen Worten klingt Ärger, seine Bewegungen sind heftig, die Medaillen klirren. Ich bin auf der Hut – ich weiß, daß Pletnjow gewisse Texte hektographiert.

Die Frau stachelt, während sie mich mit dem Fuß anstößt, den Alten heimtückisch auf. Er plustert sich auf und breitet den üppigen Pfauenschwanz seiner Rede aus. Die Schäkereien seiner Ehefrau stören mich beim Zuhören. Schon wieder merke ich nicht, wie seine Stimme sich verändert und leiser, eindringlicher wird.

»Ein unsichtbarer Faden – verstehst du?« fragt er mich und sieht mir, als ob er über etwas erschrecke, mit runden Augen ins Gesicht. »Stell dir den Zaren als Spinne vor ...«

»Ich bitte dich!« ruft seine Frau aus.

»Du sollst den Mund halten! Dumme Gans! Ich sag's doch wegen der Klarheit, und nicht, um jemand zu schmähen, du Heupferd! Räum den Samowar weg ...«

Er runzelt die Brauen, blinzelt und fährt mit Nachdruck fort: »Vom Herzen Seiner Kaiserlichen Majestät, des Herrn und Herrschers Alexanders III. und so fort, geht dieser unsichtbare Faden, sozusagen das Spinnengespinst, durch sämtliche Herren Minister, durch Seine Hohe Exzellenz den Gouverneur und alle sonstigen Dienstgrade, durch mich und selbst den letzten Soldaten hindurch. Dieser Faden, der alles bindet und umflicht, hält kraft seiner unsichtbaren Festigkeit das Zarenreich in alle Ewigkeit zusammen. Polen, Juden, auch Russen, die von der schlauen englischen Königin bestochen sind, bemühen sich jedoch, diesen Faden, wo es geht, zu zerreißen – sie sind angeblich für das Volk!«

Er neigt sich über den Tisch zu mir vor und fragt in drohendem Flüsterton: »Hast du verstanden? Na also! Weshalb rede ich denn mit dir? Dein Bäcker lobt dich, er sagt, du bist ein gescheiter, ehrlicher Bursche und lebst für dich allein. Doch da kommen zu euch in die Bäckerei Studenten und sitzen nachts bei der Derenkowa herum. Wenn's einer wäre, könnte ich es ja verstehen. Wenn's aber viele sind? Was dann? Ich sage nichts gegen die Studenten – heute ist er Student und morgen stellvertretender Staatsanwalt. Die Studenten sind brave Leute, aber sie haben es allzu eilig, eine Rolle zu spielen, und die Feinde des Zaren hetzen sie auf! Verstehst du? Außerdem möchte ich dir noch sagen ...«

Doch dazu kam er nicht mehr. Die Tür wurde aufgerissen, und ein rotnasiger kleiner alter Mann mit einem Lederriemchen um den Krauskopf trat ein. Er hatte eine Flasche Wodka in der Hand und war bereits angeheitert.

»Schieben wir eine Partie Dame?« erkundigte er sich vergnügt und wartete sogleich mit einem Feuerwerk von allerlei Späßen und Redensarten auf.

»Mein Schwiegervater, der Vater meiner Frau«, sagte mißmutig Nikiforytsch. Er war plötzlich verärgert.

Ich blieb noch einige Minuten und verabschiedete mich. Das durchtriebene Frauenzimmer schloß die Tür hinter mir, kniff mich und sagte: »Wie rot die Wolken sind – das reinste Feuer!«

Ein einziges goldenes Wölkchen zerging am Himmel.

Ohne meine Lehrmeister kränken zu wollen, möchte ich doch sagen, daß mir der Polizist die Eigenheiten des Staatsmechanismus treffender und anschaulicher klargemacht hatte als sie. Irgendwo saß eine Spinne, und von ihr ging ein »unsichtbarer Faden« aus, der das ganze Leben umflocht und zusammenhielt. Ich lernte die engen Schlingen dieses Fadens bald überall herausspüren.

Am späten Abend rief mich die Schwester des Prinzipals, nachdem sie den Laden geschlossen hatte, zu sich und erklärte mir in sachlichem Ton, sie habe den Auftrag, sich zu erkundigen, worüber der Polizist mit mir gesprochen habe.

»Ach du lieber Gott!« rief sie aufgeregt, als sie meinen eingehenden Bericht gehört hatte, hastete wie eine Maus aus einer Ecke in die andere und schlenkerte mit dem Kopf. »Wie ist das – fragt Sie der Bäckermeister nicht manchmal aus? Seine Liebste ist mit Nikiforytsch verwandt, nicht wahr? Man muß den Bäckermeister davonjagen.«

Ich stand, an den Türpfosten gelehnt, und sah sie mißmutig an. Das Wort »Liebste« war ihr allzuleicht über die Lippen gekommen, und das gefiel mir nicht. Auch ihre Folgerung, der Bäckermeister müsse entlassen werden, mißfiel mir.

»Seien Sie recht vorsichtig«, sagte sie, und wie immer verwirrte mich ihr unverwandter Blick – es war, als fragte sie mich nach etwas, das ich nicht ganz begriff.

Da stand sie vor mir, die Hände auf dem Rücken.

»Warum sind Sie immer so finster?« – »Vor kurzem ist meine Großmutter gestorben.«

Das fand sie offenbar spaßig. Sie lächelte und fragte: »Hatten

Sie sie so gern?« – »Ja. Brauchen Sie sonst noch etwas von mir?« – »Nein.«

Ich ging und schrieb noch einige Verse nieder, in denen, wie ich mich erinnere, die eigenwillige Zeile vorkam: »Sie sind nicht, was Sie gern sein möchten.«

Man kam überein, die Studenten sollten die Bäckerei möglichst selten aufsuchen. Da ich sie kaum noch sah, hatte ich keine Gelegenheit mehr, sie nach dem einen oder anderen zu fragen, das mir beim Lesen der Bücher unverständlich blieb, und schrieb die Fragen, die mich interessierten, in ein Heft. Doch eines Tages nickte ich vor lauter Müdigkeit über dem Heft ein, und der Bäkkermeister las meine Notizen.

Er weckte mich und fragte: »Was schreibst du da? Warum hat Garibaldi den König nicht vertrieben? Wer ist das – Garibaldi? Und überhaupt – was soll das heißen, Könige vertreiben?«

Er warf das Heft ärgerlich auf die Teiglade, machte sich in der Grube vor dem Ofen zu schaffen und brummte von da aus weiter: »Man denke – er hat es nötig, Könige zu vertreiben! Lächerlich! Diese Scherze laß sein! Leseratte! In Saratow haben die Gendarmen vor fünf Jahren solche Leseratten wie Mäuse gejagt, jawohl. Und Nikiforytsch interessiert sich ohnehin für dich. Könige scheuchen – das unterlaß lieber, Könige sind keine Tauben!«

Er sprach wohlmeinend zu mir, ich konnte jedoch nicht antworten, wie ich gewollt hätte – man hatte mir untersagt, mit dem Bäckermeister über »gefährliche Themen« zu sprechen.

In der Stadt ging ein aufregendes Buch von Hand zu Hand; man las es und stritt sich darüber.

Ich bat den Veterinärmediziner Lawrow, es zu besorgen, aber er winkte ab und nahm mir jede Hoffnung. »O nein, mein Bester, damit rechnen Sie nicht! Übrigens wird es, glaube ich, dieser Tage irgendwo vorgelesen werden ... vielleicht nehme ich Sie mit ...«

Um Mitternacht vor Mariä Himmelfahrt stiefele ich über das Arskoje-Feld und folge in der Dunkelheit der Gestalt Lawrows, der etwa fünfzig Sashen vor mir hergeht. Das Feld ist menschenleer, ich bewege mich aber trotzdem »unter Vorsichtsmaßnahmen« voran – so hatte Lawrow geraten –, pfeife oder singe und spiele den »angeheiterten Handwerksgesellen.« Träge segeln über mir schwarze Wolkenbäusche dahin, dazwischen rollt wie ein goldener Ball der Mond, Schatten kriechen über die Erde, Pfützen blitzen wie Silber oder Stahl. Hinter meinem Rücken summt ärgerlich die Stadt.

Mein »Wegweiser« bleibt hinter der Geistlichen Akademie vor einem Gartenzaun stehen. Ich komme eilig nach. Wir klettern schweigend über den Zaun und gehen durch einen dichten, verwilderten Garten – wenn wir die Zweige der Bäume streifen, fallen große Tropfen auf uns herab. Schließlich stehen wir vor der Wand eines Hauses und klopfen leise an einen verschlossenen Fensterladen. Ein bärtiger Mann öffnet das Fenster, dahinter ist Dunkelheit, man hört keinen Laut.

»Wer?« – »Von Jakow.« – »Kommt herein.«

Man spürt trotz der ägyptischen Finsternis, daß viele Menschen anwesend sind, hört Kleider rascheln und Füße scharren, hört flüstern und leise husten. Ein Streichholz flammt auf und beleuchtet mein Gesicht. Ich erkenne einige dunkle Gestalten auf dem Fußboden neben den Wänden.

»Alle da?« – »Ja.« – »Verhängt die Fenster, damit man durch die Ritzen in den Läden kein Licht sieht.«

Ärgerlich sagt eine laute Stimme: »Welcher Schlaukopf ist auf den Einfall gekommen, uns hier, in einem unbewohnten Haus, zu versammeln?«

»Ruhe!«

In der Ecke wird eine kleine Lampe angezündet. Der Raum steht leer, es sind keine Möbel da, nur zwei Kisten, über die ein Brett gelegt ist. Auf dem Brett sitzen – wie Dohlen auf einem Zaun – fünf Menschen. Auch die Lampe steht auf einer hochkant gestellten Kiste. Weitere drei Mann auf dem Fußboden längs der Wände und einer auf dem Fensterbrett, ein langhaariger, sehr schmaler und blasser Jüngling. Außer ihm und dem Bärtigen kenne ich alle.

Der Bärtige sagt mit tiefer Stimme, er werde die Broschüre »Unsere Meinungsverschiedenheiten« vorlesen, sie sei von Georgij Plechanow, einem »ehemaligen Narodowolzen«, verfaßt.

Jemand knurrt in der Dunkelheit auf dem Fußboden: »Wissen wir!«

Das Geheimnisvolle der Umgebung regt mich angenehm auf;

die Poesie des Geheimnisses ist die höchste von allen. Ich fühle mich wie ein Gläubiger bei der Morgenandacht im Tempel und denke an die Katakomben, an die ersten Christen. Deutlich die Worte aussprechend, erfüllt die etwas dumpfe Baßstimme den Raum.

»Dummes Zeug«, knurrt aufs neue jemand in der Ecke.

Dort schimmert rätselhaft und matt irgendein Gegenstand aus Messing oder Kupfer – er erinnert mich an einen Römerhelm. Ich errate, daß es die Ofenklappe ist.

Gedämpfte Stimmen summen durchs Zimmer, verkrallen sich zu einem dunklen Chaos hitziger Worte – unmöglich zu verstehen, wer was sagt.

Vom Fensterbrett über meinem Kopf wird spöttisch und laut gefragt: »Lesen wir nun weiter oder nicht?«

Die Frage kommt von dem langhaarigen blassen Jüngling. Alle verstummen, nur noch der Baß des Vorlesers ist zu hören. Streichhölzer flammen auf, rot glimmende Zigaretten beleuchten nachdenkliche Gesichter, geweitete oder zusammengekniffene Augen.

Die Lesung zieht sich ermüdend lange hin. Ich kann ihr nur schlecht folgen, obwohl mir die scharfen, hitzigen Worte gefallen – sie fügen sich einfach und leicht zu überzeugenden Gedanken.

Plötzlich und überraschend reißt die Stimme des Vorlesers ab, und sofort erfüllen empörte Ausrufe das Zimmer: »Renegat!« – »Tönend Erz!« – »Eine Beschimpfung des vergossenen Heldenbluts.« – »Und das nach der Hinrichtung Generalows, Uljanows . . .«

Und wieder erklingt vom Fensterbrett die Stimme des Jünglings: »Herrschaften – lassen sich statt des Geschimpfes nicht ernsthafte Entgegnungen, Entgegnungen zur Sache vorbringen?«

Ich liebe Streitgespräche nicht, ich kann sie nicht anhören, es fällt mir schwer, den launischen Sprüngen der überhitzten Gedanken zu folgen, und immer wieder bin ich über den nackten Ehrgeiz der Streitenden verärgert.

Der Jüngling neigt sich vom Fensterbrett zu mir herab und fragt: »Sie sind Peschkow, der Bäckergeselle? Ich bin Fedossejew. Wir müssen uns näher kennenlernen. Eigentlich hat man hier nichts mehr zu suchen. Dieser Lärm wird eine Weile andauern, aber viel kommt dabei nicht heraus. Wollen wir gehen?«

Von Fedossejew, dem Organisator eines ernst zu nehmenden Zirkels von jungen Menschen, hatte ich schon gehört. Sein blasses, nervöses Gesicht mit den tiefliegenden Augen gefiel mir.

Er fragte mich, während wir über das Feld gingen, ob ich Bekannte unter den Arbeitern habe, was ich lese und ob ich über viel freie Zeit verfüge. Unter anderem sagte er zu mir: »Von eurer Bäckerei habe ich schon gehört – sonderbar, daß ihr euch mit solchem Unsinn abgebt. Was bringt das schon ein?«

Ich fühlte seit einiger Zeit auch selber, daß ich das alles nicht brauche, und sagte es ihm. Er freute sich über meine Worte, drückte mir kräftig die Hand und erklärte mit heiterem Lächeln, er fahre am übernächsten Tag für etwa drei Wochen fort und würde mich, sobald er wieder zurück sei, wissen lassen, wann und wo wir uns treffen könnten.

Die Geschäfte der Bäckerei gingen sehr gut, mir selber ging es immer schlechter. Wir waren in die neuen Räume umgezogen, und meine Pflichten hatten sich noch vermehrt. Ich mußte in der Backstube arbeiten und Semmeln austragen – in Privatwohnungen, in die Akademie, ins »Institut für höhere Töchter«. Wenn sich die Mädchen das Buttergebäck aus meinem Korb heraussuchten, steckten sie mir Zettelchen zu, und nicht selten las ich auf den hübschen, in noch halbkindlicher Handschrift beschriebenen Blättchen zynische Worte, die mich verblüfften. Ich hatte ein seltsames Gefühl, wenn sich die fröhliche Schar der blankäugigen, sauberen Fräulein um meinen Korb drängte und unter spaßigem Grimassenschneiden mit rosigen Pfötchen nach den Semmeln fischte. Ich blickte sie an und suchte zu erraten, welche von ihnen mir diese schamlosen Zettelchen schrieben – vielleicht ohne den anstößigen Sinn zu verstehen. Ich erinnerte mich an die schmutzigen »Freudenhäuser« und fragte mich: Zieht sich aus diesen Häusern vielleicht auch hierher »ein unsichtbarer Faden« hin?

Eines der Mädchen, eine vollbusige Brünette mit dickem Zopf, hielt mich eines Tages auf dem Korridor an und flüsterte hastig: »Ich gebe dir zehn Kopeken, wenn du diesen Brief dem Adressaten zustellst.«

Ihre dunklen, freundlichen Augen füllten sich mit Tränen. Sie biß sich, während sie mich anblickte, auf die Lippen, und ihre Wangen und Ohren färbten sich tiefrot. Ich wies die zehn Kopeken edelmütig zurück, nahm aber den Brief und übergab ihn dem Sohn eines Gerichtshofmitgliedes, einem langen Studenten mit hektisch geröteten Wangen. Er bot mir fünfzig Kopeken an und zählte das Geld nachdenklich schweigend in lauter kleinen Kupfermünzen ab; als ich ihm sagte, ich brauche es nicht, wollte er es in seine Hosentasche stecken, griff jedoch daneben und verstreute die Münzen über den Fußboden.

Er sah fassungslos zu, wie die Zwei- und Fünfkopekenstücke nach allen Seiten davonrollten, rieb sich so heftig die Hände, daß die Fingergelenke knackten, und murmelte schwer atmend: »Was soll ich jetzt nur machen? Nun, leb wohl! Ich muß nachdenken . . .«

Ich weiß nicht, was ihm das Nachdenken eingebracht hat, jedenfalls tat mir das Fräulein sehr leid. Sie verschwand bald darauf aus dem Institut, und fünfzehn Jahre später sah ich sie auf der Krim wieder – sie unterrichtete an einem Gymnasium, litt an Tuberkulose und sprach von allem auf der Welt mit der erbarmungslosen Bosheit eines Menschen, den das Leben gekränkt hat.

Nachdem ich die Semmeln ausgetragen hatte, legte ich mich schlafen. Abends arbeitete ich dann in der Backstube, um noch vor Mitternacht Buttergebäck herauszubringen. (Der Bäckerladen lag neben dem Stadttheater, und das Publikum sah nach der Vorstellung bei uns herein, um heiße Blätterteigwecken zu vertilgen.) Danach ging ich daran, den Teig für die »Franzbrote« und für das Brot, das nach Gewicht verkauft wurde, zu kneten, und fünfzehn bis zwanzig Pud mit den Händen kneten ist keine Kleinigkeit.

Ich schlief aufs neue zwei, drei Stunden und trug aufs neue Semmeln aus.

Und so Tag für Tag.

Dabei war ich von dem unüberwindlichen Drang beseelt, das »Gute, das Wahre, Vernünftige« zu säen. Mitteilsam von Natur, konnte ich lebendig erzählen, und meine Phantasie wurde von dem Erlebten und Gelesenen angeregt. Ich brauchte nur sehr wenig, um aus einem alltäglichen Vorfall eine interessante Geschichte zu machen, in deren Hintergrund sich launisch verschlungen der »unsichtbare Faden« hinzog. Ich hatte Bekannte unter den Arbeitern in den Fabriken von Krestownikow, von Alafusow. Besonders nahe stand mir der alte Weber Nikita Rubzow, der fast in allen Webereien Rußlands gearbeitet hatte und ein unruhiger, kluger Kopf war.

»Seit siebenundfünzig Jahren wandle ich nun auf dieser Erde, du mein Lexej Maximytsch, du junger Dachs, du neues Weberschiffchen!« sagte er mit gedämpfter Stimme und lächelte mich mit kranken grauen Augen durch seine dunklen Brillengläser an, deren Fassung er selber verfertigt hatte – der Kupferdraht hinterließ auf der Nasenwurzel und hinter den Ohren grüne Oxydflecke. Die Weber nannten ihn »den Deutschen«, weil er sich den Backenbart rasierte und nur den strammen Schnurrbart nebst einem dichten Büschel grauer Haare an der Unterlippe stehenließ. Er war mittelgroß und breitbrüstig und von grämlicher Fröhlichkeit.

»Ich gehe gern in den Zirkus«, erzählte er und neigte den mit Beulen bedeckten kahlen Schädel zur linken Schulter. »Was man dem Pferd – und überhaupt dem Vieh – doch alles beibringt! Immerhin tröstlich. Da blicke ich die Tiere respektvoll an und denke mir: Dann kann man also wohl auch den Menschen beibringen, ihren Verstand zu gebrauchen. Die Tiere werden von den Zirkusleuten mit Zucker bestochen – wir können uns den Zucker natürlich im Laden kaufen. Wir brauchen Zucker für die Seele, und das ist Freundlichkeit! Man muß also durch Freundlichkeit auf die Menschen einwirken, und nicht mit dem Knüppel, wie das bei uns so üblich ist – stimmt's, mein Junge?«

Er selbst war zu den Menschen wenig freundlich, sprach spöttisch und halb verächtlich mit ihnen und reizte den Gegner im Meinungsstreit durch einsilbige Ausrufe, offensichtlich bemüht, ihn zu verletzen. Ich lernte ihn in einer Bierstube kennen, als man ihn grade verprügeln wollte – zwei Schläge hatte er schon abbekommen. Ich trat für ihn ein und zog ihn mit mir fort.

»Tun Ihnen die Schläge nicht weh?« fragte ich ihn, während wir durch die Dunkelheit im feinen Herbstregen dahinschritten.

»Was denn – das sollen Schläge sein?« entgegnete er gleichgültig. »Aber warte mal, wieso sagst du eigentlich ›Sie‹ zu mir?«

Eben damit begann unsere Bekanntschaft. Erst machte er sich geistreich und witzig über mich lustig, als ich ihm aber erzählte, welche Rolle in unserem Leben der »unsichtbare Faden« spiele, rief er nachdenklich aus: »Du bist aber keineswegs dumm, o nein! Sieh einer an . . .«

Und er behandelte mich von da an mit väterlicher Freundlichkeit und redete mich sogar mit Vor- und Vatersnamen an.

»Deine Gedanken, du mein Lexej Maximytsch, du schmale Ahle, sind schon ganz richtig, nur wird sie niemand wahrhaben wollen, das ist zu unvorteilhaft . . .«

»Und Sie?«

»Ich bin ein herrenloser Hund, der statt des Schwanzes einen Stummel hat, während das Volk aus lauter Kettenhunden besteht, denen der Schwanz voller Kletten hängt – den Frauen und Kindern, den Harmonikas und allerlei anderem Gerümpel. Und jedem Hündchen ist seine Hütte das Himmelreich. Nein, sie werden es nicht wahrhaben wollen. Bei uns – in Morosows Fabrik – da hat es mal was gegeben! Wer vorn ging, der kriegte eins auf den Kopf, und so ein Kopf ist schließlich kein Hinterteil, er juckt noch eine Weil.«

Er begann einigermaßen anders zu reden, nachdem er die Bekanntschaft des Schlossers Schaposchnikow gemacht hatte, der bei Krestownikow arbeitete. Der schwindsüchtige Jakow, der Gitarre spielte und Bibelkenner war, verblüffte ihn durch seine wütende Gottesleugnung.

Jakow, der nach allen Seiten blutige Fetzen seiner verfaulten Lunge ausspie, bemühte sich leidenschaftlich und hartnäckig, ihm seine Meinung zu beweisen: »Erstens bin ich keineswegs ›Gott zum Bilde, zum Ebenbilde Gottes‹ erschaffen – ich weiß nichts, ich kann nichts und bin auch kein guter Mensch, nein, bin ich nicht! Zweitens weiß Gott nicht, wie schwer ich es habe, oder er weiß es und kann mir nicht helfen, oder er kann es, aber er will nicht. Drittens ist Gott nicht allwissend, nicht allmächtig und auch nicht gütig – es gibt ihn einfach nicht! Das alles ist erfunden, das ganze Leben ist Erfindung, mich aber betrügt man nicht!«

Rubzow war sprachlos, dann wurde er grau vor Wut und begann wild zu schimpfen, während Jakow ihn durch die feierliche

Sprache von Bibelzitaten entwaffnete und zum Schweigen brachte. Rubzow sank nachdenklich in sich zusammen.

Wenn Schaposchnikow sprach, wirkte er beinahe erschrekkend. Sein Gesicht war dunkel und schmal, das Haar kraus und schwarz wie bei einem Zigeuner, hinter den bläulichen Lippen blitzten Wolfszähne. Die dunklen Augen starrten dem Gegner unverwandt ins Gesicht, und es fiel schwer, ihrem lastenden, niederbeugenden Blick standzuhalten – er erinnerte mich an den Blick des Größenwahnsinnigen.

Als wir von Jakow zurückkehrten, meinte Rubzow düster: »Gegen Gott ist man vor mir bisher nicht aufgetreten. So etwas habe ich nie gehört. Alles mögliche ist mir schon zu Ohren gekommen, aber nicht das. Natürlich wird er nicht lange Gast auf dieser Erde sein. Nun ja – er tut einem leid! Da erhitzt er sich bis zur Weißglut . . . Interessant, mein Lieber, sehr interessant.«

Er freundete sich rasch mit Jakow an, kam in Erregung, kochte innerlich und rieb sich in einem fort die kranken Augen.

»Soso«, meinte er spöttisch, »der Herrgott wird also in den Ruhestand versetzt? Hm! Was den Zaren betrifft, du Aufrührer, hab ich so meine eigene Meinung – der Zar, der stört mich nämlich nicht. Es geht nicht um den Zaren, nur um die Eigentümer, die Unternehmer. Ich finde mich mit jedem Zaren ab, und wenn es Iwan der Schreckliche wäre – sitz da und herrsche, wenn es dir Spaß macht, aber gib mir mein Recht gegenüber dem Unternehmer, darauf kommt's an! Tust du es, dann will ich dich mit goldenen Ketten an deinen Thron schmieden, meinetwegen auch anbeten . . .«

Nachdem er »König Hunger« gelesen hatte, äußerte er: »Alles ganz richtig!«

Als er die lithographierte Broschüre zum erstenmal sah, fragte er mich: »Wer hat das für dich aufgeschrieben? Schreibt aber gut leserlich! Sage ihm meinen Dank.«*

Rubzow bewies eine unersättliche Wißbegier. Mit angespannter Aufmerksamkeit hörte er Schaposchnikows niederschmetternden Gotteslästerungen zu. Stundenlang lauschte er meinen Erzählungen über Bücher, wobei er den Kopf in den Nacken

* Danke, Alexej Nikolajewitsch Bach! (M. Gorki)

warf, daß der Adamsapfel hervortrat, er lachte von Herzen und begeisterte sich! »Ist doch 'ne feine Sache, der menschliche Verstand, eine verdammt feine Sache!«

Er selbst las nur mühsam – die kranken Augen hinderten ihn daran –, aber auch er wußte viel und setzte mich nicht selten in Erstaunen.

»Es gibt da bei den Deutschen einen Zimmermann von ungewöhnlichem Verstand. Der König selbst zieht ihn gelegentlich zu Rate.«

Ich fragte ihn aus und stellte fest: er meinte Bebel.

»Woher wissen Sie das?«

»Ich weiß es eben«, entgegnete er kurz und kratzte sich mit dem kleinen Finger den mit Beulen bedeckten Schädel.

Schaposchnikow interessierte der komplizierte Wirrwarr des Lebens nicht, er war völlig von der Vernichtung Gottes, von der Verhöhnung der Geistlichkeit in Anspruch genommen; besonders haßte er die Mönche.

Eines Tages fragte Rubzow friedfertig: »Wieso ereiferst du dich eigentlich immer nur gegen Gott, Jakow?«

Er polterte noch gereizter los: »Was stört mich denn sonst schon, was? Ich habe fast zwei Jahrzehnte an ihn geglaubt, in Furcht vor ihm gelebt. Und habe geduldet. Gegen ihn streiten – unmöglich. Verordnung von oben. Ich war gebunden. Da las ich mich in der Bibel fest und sah – alles erfunden! Erfunden, Nikita!«

Er fuhr mit dem Arm durch die Luft, als zerrisse er einen »unsichtbaren Faden«, und weinte fast: »Deswegen sterbe ich nun – vor der Zeit!«

Ich hatte noch einige andere interessante Bekannte und sah auch nicht selten in Semjonows Bäckerei, bei meinen alten Arbeitsgefährten, herein. Sie nahmen mich freudig auf und hörten mir gern zu. Aber Rubzow und Schaposchnikow lebten, etwa fünf Werst voneinander entfernt, der eine in der Admiraltejskaja-, der andere in der Tatarskaja-Vorstadt, weit hinter dem Kaban; ich bekam sie sehr selten zu sehen. Auch zu mir konnten sie nicht kommen; ich hätte meine Gäste nirgends aufnehmen können. Obendrein unterhielt der neue Bäckermeister, ein abgedankter Soldat, Bekanntschaften mit den Gendarmen. Der Hinterhof der Gendarmerieverwaltung grenzte an den unseren, und die gediegenen »Blauröcke« kletterten, um Semmeln für ihren Obersten Gangardt oder Brot für sich selbst zu holen, einfach über den Zaun. Außerdem sollte ich mich, so war mir empfohlen worden, nicht allzusehr »mit den Leuten einlassen«, um die Aufmerksamkeit nicht unnötig auf die Bäckerei zu ziehen.

Ich sah, daß meine Arbeit ihren Sinn verlor. Immer häufiger kam es vor, daß man, ohne an den Geschäftsgang zu denken, so unvorsichtig in die Kasse griff, daß manchmal kein Geld mehr für Mehl übrig war.

Derenkow zupfte an seinem Bärtchen und spöttelte trüb: »Wir machen noch Bankrott.«

Auch er hatte es nicht leicht – die rotlockige Nastja war schwanger, blickte auf alle und alles mit grünen, gekränkten Augen und fauchte wie eine böse Katze.

Sie schritt geradewegs auf Andrej zu, als ob sie ihn nicht sähe. Er machte ihr schuldbewußt lächelnd Platz und seufzte.

Manchmal beklagte er sich bei mir: »Es ist alles so unernst. Jeder nimmt sich etwas – ohne Sinn und Verstand. Da kaufe ich mir ein halbes Dutzend Socken – und gleich sind sie weg!«

Das mit den Socken war komisch, aber ich lachte nicht; ich sah, wie sich der uneigennützige, bescheidene Mann herumschlug, um ein nützliches Unternehmen in Gang zu halten, während sich alles ringsum zu seinem Werk leichtsinnig und unbekümmert verhielt und es zerstörte. Mit der Dankbarkeit der Menschen, denen er diente, rechnete Derenkow zwar nicht, wohl aber glaubte er, ein Recht auf aufmerksame und freundschaftliche Behandlung zu haben. Doch diese wurde ihm nicht zuteil. Seine Familie brach rasch auseinander: Der Vater verfiel allmählich in religiösen Wahnsinn, der jüngere Bruder trank und trieb sich mit Mädchen herum, die Schwester benahm sich wie eine Fremde; sie hatte wohl eine nicht mehr sehr heitere Liebschaft mit dem rothaarigen Studenten – ich bemerkte öfter, daß sie verweinte Augen hatte, und der Student wurde mir verhaßt.

Ich glaubte in Marija Derenkowa verliebt zu sein. Ich war auch in die Verkäuferin aus unserem Laden, Nadeshda Schtscherbatowa, verliebt, ein üppiges, rotwangiges Mädchen mit immer freundlich lächelnden roten Lippen. Ich war überhaupt verliebt.

Mein Alter, mein Charakter und die Verworrenheit meines Lebens verlangten Beziehungen zu einer Frau, und es war für mich eher zu spät als zu früh dazu. Ich brauchte weibliche Zärtlichkeit oder wenigstens die freundschaftliche Aufmerksamkeit einer Frau. Ich mußte offen über mich reden, mich im Gestrüpp meiner zusammenhanglosen Gedanken, im Chaos meiner Eindrücke zurechtfinden können.

Freunde hatte ich nicht. Menschen, die mich als »Material, das der Veredlung bedarf«, ansahen, waren mir nicht sympathisch und verlockten mich nicht zu Freimütigkeit. Wenn ich zu ihnen von etwas sprach, das sie nicht interessierte, rieten sie mir: »Lassen Sie das!«

Gurij Pletnjow wurde verhaftet und nach Petersburg, in das Gefängnis »Kresty«, gebracht. Als erster erzählte mir Nikiforytsch davon, der mich am frühen Morgen auf der Straße traf. Er schritt, als käme er geradeswegs von der Parade, gedankenvoll und feierlich, im Schmuck aller seiner Medaillen auf mich zu, legte die Hand an den Mützenschirm und ging schweigend an mir vorüber, blieb jedoch gleich darauf stehen und sandte mir mit ärgerlicher Stimme die Worte nach: »Gurij Alexandrowitsch ist heute nacht verhaftet worden . . .«

Er winkte nur ab, blickte sich um und setzte – leiser – hinzu: »Aus mit dem jungen Mann!«

Mir war, als schimmerten in seinen listigen Augen Tränen.

Ich hatte gewußt, daß Pletnjow mit seiner Verhaftung rechnete. Er selbst hatte mich davon in Kenntnis gesetzt und mir und Rubzow, mit dem er sich ebenso angefreundet hatte wie ich, geraten, nicht mehr mit ihm zusammenzukommen.

Nikiforytsch, der mißmutig auf seine Stiefelspitzen blickte, erkundigte sich bei mir: »Warum besuchst du mich nicht mehr?«

Ich ging am Abend zu ihm. Er war gerade wach geworden, saß auf dem Bett und trank Kwaß, während seine Frau vornübergebeugt am Fenster seine Hosen flickte.

»So ist das alles«, begann der Polizist, kratzte sich die Brust – sie schien mit einem Waschbärfell bedeckt – und sah mich nachdenklich an. »Sie haben ihn verhaftet. Man hat eine Kasserolle bei ihm entdeckt, in der er Druckerfarben für Flugblätter gegen den Zaren kochte.«

Er spuckte auf den Fußboden und rief ärgerlich hinüber zu seiner Frau: »Gib die Hosen her!«

»Gleich«, entgegnete sie, ohne aufzublicken.

»Er tut ihr leid, sie weint«, sagte der Alte und blinzelte zu ihr hin. »Auch mir tut er leid. Aber was kann ein Student schon gegen den Zaren ausrichten?«

Er begann sich anzuziehen und sagte: »Ich gehe mal für einen Augenblick hinaus . . . Setz den Samowar auf, du!«

Seine Frau starrte regungslos zum Fenster, wandte sich aber, als er hinter der Tür verschwunden war, rasch um, drohte in Richtung der Tür mit der geballten Faust und sagte mit wilder Wut durch die gebleckten Zähne: »Hu, altes Scheusal!«

Ihr Gesicht war verweint, das linke Auge blau unterlaufen und zugeschwollen. Sie sprang auf, trat an den Herd, beugte sich über den Samowar und zischte: »Ich werde ihn hintergehen, ihn so betrügen, daß er heult . . . Heult wie ein Wolf! Glaube ihm nicht, glaub ihm kein einziges Wort! Er will dich nur fangen. Er lügt – niemand tut ihm leid. Ein Menschenhäscher! Er weiß alles von euch. Er lebt davon. Es ist sein Steckenpferd – Menschen zu fangen . . .«

Sie trat ganz dicht auf mich zu und sagte im Ton einer Bettlerin: »Willst du mich nicht ein bißchen liebhaben, du?«

Sie war mir unangenehm, in ihren Augen lag jedoch ein so böser, heftiger Kummer, daß ich sie umarmte und ihr die harten, zerzausten, fettigen Haare streichelte.

»Wen bespitzelt er jetzt?« – »Sie wohnen in der Rybnorjadskaja, im Gasthof.« – »Weißt du nicht, wie sie heißen?«

Sie entgegnete lächelnd: »Warte, ich sage ihm, wonach du mich fragst! Er kommt . . . Den Gurotschka hat nämlich er zur Strecke gebracht . . .«

Und sie sprang zurück zum Herd.

Nikiforytsch brachte eine Flasche Wodka, Brot und Eingemachtes mit. Wir setzten uns zum Tee. Marina, die neben mir saß, bewirtete mich betont freundlich und haschte mit dem gesunden Auge nach meinem Blick, während ihr Mann mir einzuhämmern suchte: »Dieser unsichtbare Faden geht durch die Herzen, die Knochen hindurch – versuche ihn einer herauszureißen, herauszuziehen! Der Zar ist für das Volk der Herrgott!«

Und überraschend fragte er: »Du hast doch nun allerlei Bücher gelesen – auch das Evangelium, nicht wahr? Nun, was meinst du, ist darin alles wahr?«

»Das weiß ich nicht.«

»Meiner Ansicht nach steht da mancherlei Überflüssiges drin. Und gar nicht einmal so wenig. Zum Beispiel von den Armen – selig sind die Armen; wieso sind sie eigentlich selig? Ein bißchen zuviel des Guten. Und überhaupt gibt es da viel Unverständnis hinsichtlich der Armen. Man muß den Armen vom Verarmten unterscheiden. Arm bedeutet – schlecht. Aber der Verarmte hat vielleicht nur Unglück gehabt. So muß man denken. Das ist besser.«

»Warum?«

Er sah mich forschend an und schwieg, dann fuhr er deutlich und gewichtig in seinen offenbar gründlich durchdachten Gedanken fort: »Im Evangelium gibt es viel Mitleid, Mitleid jedoch ist etwas Schädliches. So meine ich. Das Mitleid erfordert riesige Ausgaben für überflüssige und sogar schädliche Menschen. Für Altersheime, Gefängnisse und Irrenhäuser. Helfen soll man den Starken, Gesunden, damit sie ihre Kraft nicht vergeuden. Wir aber helfen den Schwachen – kann man die Schwachen denn stark machen? Durch diesen ganzen Unfug werden die Starken geschwächt – die Schwachen liegen ihnen auf dem Halse. Das ist es, womit man sich beschäftigen sollte! Man muß in vielem umdenken. Man muß begreifen, daß sich das Leben längst vom Evangelium abgewandt hat und seine eigenen Wege geht. Siehst du nun, was Pletnjow zugrunde gerichtet hat? Das Mitleid! Die Armen unterstützen wir, und die Studenten gehen zugrunde ... Wo bleibt da die Vernunft, frage ich?«

Ich hörte diese Gedanken, obwohl ich ihnen auch früher schon begegnet war, zum erstenmal in einer so schroffen Form. Sie sind zählebiger und weiter verbreitet, als man gemeinhin glaubt. Etwa sieben Jahre später, als ich Nietzsche las, fühlte ich mich nachdrücklich an die Philosophie dieses Kasaner Stadtpolizisten erinnert. Beiläufig gesagt, bin ich in Büchern nur selten Gedanken begegnet, von denen ich nicht schon vorher im Leben gehört hätte.

Der alte »Menschenhäscher« sprach indessen immer weiter

und trommelte im Takt seiner Worte gegen den Rand des Tabletts. Sein hageres Gesicht war streng und finster, blickte jedoch nicht auf mich, sondern zum spiegelnden Messing des blitzblanken Samowars.

»Es ist Zeit, du mußt gehen«, erinnerte ihn schon zum zweitenmal die Frau. Er gab ihr jedoch keine Antwort und reihte nur Wort um Wort auf den Faden seines Gedankens. Plötzlich bekam dieser Gedanke, ohne daß ich es merkte, eine neue Richtung.

»Du bist kein dummer Bursche, kannst lesen und schreiben – steht es dir an, Bäckergeselle zu sein? Du könntest nicht weniger Geld durch andere Dienste verdienen – durch Dienste fürs Zarenreich ...«

Ich überlegte, während ich ihm zuhörte, wie ich die mir unbekannten Menschen in der Rybnorjadskaja-Straße benachrichtigen könnte, daß Nikiforytsch sie beobachtete. Dort wohnte in einem Gasthof der kürzlich aus seinem Verbannungsort Jalutorowsk zurückgekehrte Sergej Somow, ein Mann, von dem man mir viel Interessantes erzählte.

»Kluge Leute sollten im Haufen zusammen leben wie beispielsweise die Bienen im Stock oder die Wespen in ihren Nestern. Das Zarenreich ...«

»Schau her – neun Uhr«, sagte seine Frau. – »Verdammt!«

Nikiforytsch erhob sich und knöpfte den Uniformrock zu.

»Macht nichts, ich lasse mich von einer Mietdroschke mitnehmen. Leb wohl, Verehrter! Komm nur wieder vorbei, genier dich nicht ...«

Als ich das Häuschen des Polizisten verließ, war ich fest entschlossen, nie wieder »Gast« bei Nikiforytsch zu sein – der Alte stieß mich ab, wenn er mich auch interessierte. Seine Worte von der Schädlichkeit des Mitleids hatten mich sehr erregt und sich meinem Gedächtnis eingeprägt. Ich fühlte eine Wahrheit aus ihnen heraus, aber es ärgerte mich, daß der Quell dieser Wahrheit ein Polizist sein mußte.

Über dieses Thema wurde nicht selten gestritten, und eines der Streitgespräche regte mich besonders auf.

In der Stadt war ein »Tolstojaner« aufgetaucht – der erste, den ich zu sehen bekam –, ein langer, sehniger, dunkelgesichtiger

Mann mit schwarzem Ziegenbart und dicken Negerlippen. Er ging gebückt und blickte meist zu Boden, warf aber gelegentlich mit heftiger Gebärde den ziemlich kahlen Kopf zurück und versengte sein Gegenüber mit dem leidenschaftlichen Glanz der dunklen und feuchten Augen – in seinem stechenden Blick brannte etwas wie Haß. Man diskutierte in der Wohnung eines Professors, es war viel Jugend dabei, darunter auch ein schlanker, junger, eleganter Pope, ein Magister der Theologie in schwarzseidenem Priestergewand; er brachte sein blasses, hübsches Gesicht, das vom trockenen Lächeln der kaltgrauen Augen erhellt war, höchst vorteilhaft zur Geltung.

Der Tolstojaner hielt eine lange Rede über die ewige Gültigkeit der großen Wahrheiten des Evangeliums. Seine Stimme klang ein wenig dumpf, die Sätze waren kurz, aber die Worte hatten eine Schärfe, aus der man die Kraft echten Glaubens herausfühlte. Er begleitete diese Worte mit einer einförmigen Gebärde seiner behaarten Linken, die gleichsam etwas umhieb, während die Rechte in der Tasche verborgen blieb.

»Ein Komödiant«, flüsterte man in der Ecke neben mir.

»Ja, reichlich theatralisch . . .«

Ich hatte kurz vorher ein Buch – ich glaube von Draper – über den Kampf des Katholizismus gegen die Wissenschaft gelesen, und mir schien, ich hörte da einen jener Eiferer reden, die mit solchem Ingrimm an die Errettung der Welt durch die Macht der Liebe glauben, daß sie bereit sind, die Menschen aus Barmherzigkeit zu morden und auf den Scheiterhaufen zu schicken.

Er trug ein weißes Hemd mit weiten Ärmeln, darüber einen alten grauen Kittel. Auch das unterschied ihn von allen anderen.

Zum Schluß seiner Predigt rief er aus: »Seid ihr also mit Christus oder mit Darwin?«

Er schleuderte diese Frage wie einen Stein in die Ecke, in der gedrängt die Jugend saß und von wo ihn mit Furcht und Entzükken die Augen der Jünglinge und Mädchen anblickten. Seine Rede hatte alle offenbar sehr betroffen, man senkte nachdenklich die Köpfe und schwieg.

Er sah sich mit brennendem Blick im Kreise um und fügte streng hinzu: »Nur Pharisäer können versuchen, die beiden unvereinbaren Prinzipien zu vereinen. Sie belügen damit auf schändliche Weise sich selbst und demoralisieren durch ihre Lüge die anderen ...«

Hier erhob sich der junge Pope, warf sorgsam die Ärmel seines Priestergewandes zurück und begann in fließender Rede, mit giftiger Höflichkeit und herablassendem Spott: »Sie halten offenbar an der vulgären Vorstellung von den Pharisäern fest, diese ist aber nicht nur roh, sondern auch völlig falsch ...«

Zu meinem großen Erstaunen versuchte er nachzuweisen, die Pharisäer seien echte und ehrliche Hüter der Überlieferungen des jüdischen Volkes gewesen, das Volk habe immer mit ihnen gegen seine Feinde zusammengestanden.

»Lesen Sie zum Beispiel Josephus Flavius ...«

Der Tolstojaner sprang auf, hieb mit weiter, vernichtender Gebärde gleichsam den Flavius um und rief: »Die Völker stehen auch heute noch mit ihren Feinden gegen die Freunde zusammen, sie tun es nicht aus freiem Willen, man hetzt sie auf, zwingt sie dazu. Was soll mir Ihr Flavius!«

Der Pope und die anderen zerpflückten das Grundthema des Streits in kleinste Partikel, und es verschwand von der Bildfläche.

»Die Wahrheit – das ist die Liebe«, rief der Tolstojaner, während seine Augen vor Haß und Verachtung funkelten.

Ich fühlte mich von den Worten berauscht, vermochte aber ihren Sinn nicht zu erfassen. Der Boden schien im Wirbelsturm der Worte unter mir zu schwanken, und verzweifelt sagte ich mir, es gebe keinen dümmeren und unbegabteren Menschen auf Erden als mich.

Der Tolstojaner aber wischte sich den Schweiß vom dunkelroten Gesicht und rief wütend aus: »Werft das Evangelium beiseite, vergeßt es, damit ihr nicht lügt! Kreuzigt Christus zum zweitenmal, so ist es ehrlicher!«

Vor mir erhob sich wie eine Wand die Frage: Wie ist es denn nun? Wenn das Leben ein ununterbrochener Kampf um das Erdenglück ist, müssen dann Barmherzigkeit und Liebe dem Erfolg in diesem Kampf im Wege stehen?

Ich brachte in Erfahrung, daß der Tolstojaner Klopskij hieß, erfuhr, wo er wohnte, und meldete mich gegen Abend des folgenden Tages bei ihm. Er lebte im Hause zweier junger Mädchen – sie waren Gutsbesitzerinnen –, und eben mit ihnen traf ich ihn im Garten an. Er saß an einem Tisch im Schatten einer riesigen alten Linde. Lang, eckig und dürr, in weißen Hosen und weißem, über der dunkel behaarten Brust offenem Hemd, entsprach er meiner Vorstellung von einem fahrenden Apostel und Prediger der Wahrheit.

Er schöpfte mit einem silbernen Löffel Himbeeren in Milch vom Teller, schluckte sie mit Genuß, schmatzte mit den dicken Lippen und blies nach jedem Schluck weiße Tröpfchen vom dünnen Katerschnurrbart in die Luft. Das eine der Mädchen, das ihn bediente, stand neben dem Tisch, das andere lehnte, die Arme über der Brust gekreuzt, am Stamm der Linde und blickte träumerisch zum staubigen, heißen Himmel. Beide trugen leichte fliederfarbene Kleider und waren sich so ähnlich, daß man sie kaum unterscheiden konnte.

Er sprach freundlich und ohne sich bitten zu lassen zu mir – von der schöpferischen Macht der Liebe, und daß man in seinem Herzen dieses Gefühl entwickeln müsse, das einzig und allein fähig sei, »den Menschen an die Weltseele zu binden« – eben an die Liebe, die überall im Leben vorhanden sei.

»Nur so kann man den Menschen binden! Ohne Liebe kann man das Leben nicht verstehen. Diejenigen aber, die sagen, das Gesetz des Lebens sei Kampf, sind blinde, dem Verderben geweihte Seelen. Feuer läßt sich durch Feuer nicht überwinden, so auch das Böse nicht durch die Macht des Bösen!«

Als die Mädchen dann aber Arm in Arm tief in den Garten, aufs Haus zu davongingen, sah ihnen der Mann mit zusammengekniffenen Augen nach und fragte: »Wer bist du eigentlich?«

Und nachdem er mich angehört hatte, begann er mit den Fingern auf den Tisch zu trommeln und sich darüber zu ergehen, daß der Mensch überall Mensch sei und nicht danach streben solle, seinen Platz im Leben zu verändern; er solle statt dessen seinen Geist in der Liebe zum Menschen erziehen.

»Je niedriger der Mensch steht, desto näher ist er der wirklichen Wahrheit, der heiligen Weisheit des Lebens . . .«

Ich bekam einige Zweifel an seiner Kenntnis dieser »heiligen Weisheit«, schwieg jedoch still, da ich fühlte, daß er sich mit mir langweilte; er sah mich abweisend an, gähnte, verschränkte die Arme im Nacken, streckte die Beine von sich, schloß müde die

Augen und murmelte wie im Halbschlaf: »Der Liebe gehorchen ... ist ein Gesetz des Lebens ...«

Er zuckte zusammen, warf die Arme hoch, schien sich an etwas in der Luft zu klammern und starrte mich erschrocken an.

»Wie, was? Entschuldige, ich bin sehr müde!«

Er schloß aufs neue die Augen, biß – als hätte er Schmerzen – die Zähne zusammen und entblößte sie dabei. Die Unterlippe hing herab, die Oberlippe wölbte sich nach oben, die bläulichen Haare des spärlichen Schnurrbarts sträubten sich.

Ich verließ ihn mit einem feindseligen Gefühl und undeutlichen Zweifeln an seiner Aufrichtigkeit.

Einige Tage später brachte ich einem bekannten Dozenten, der Junggeselle war und trank, frühmorgens Semmeln ins Haus und bekam Klopskij noch einmal zu sehen. Er hatte die Nacht offenbar nicht geschlafen, sein Gesicht wirkte grau, die Augen waren rot und verschwollen – mir schien, er sei betrunken. Der rundliche Dozent, dem vor Trunkenheit die Augen tränten, saß, eine Gitarre in Händen, in seiner Unterwäsche auf dem Fußboden, schaukelte inmitten eines Chaos von zusammengeschobenen Möbeln, Bierflaschen und abgeworfener Oberkleidung hin und her und knurrte: »Barmherzigkeit ...«

Klopskij rief heftig und böse: »Es gibt keine Barmherzigkeit! Wir werden durch die Liebe zugrunde gehen oder im Kampf für die Liebe erdrückt werden, einerlei – uns ist der Untergang beschieden ...«

Er faßte mich an der Schulter, führte mich ins Zimmer und sagte zum Dozenten: »Hier – frag ihn doch, was er will! Frag ihn, ob er die Menschenliebe braucht!«

Der Dozent sah mich mit tränenden Augen an und lachte: »Das ist doch der Bäckerjunge! Ich schulde ihm Geld.«

Er schwankte, steckte die Hand in die Tasche, zog einen Schlüssel hervor und hielt ihn mir hin.

»Da, nimm alles!«

Der Tolstojaner nahm ihm den Schlüssel jedoch weg und winkte mir ab.

»Geh! Du kriegst das Geld ein andermal!«

Und er warf die Semmeln, die er mir abgenommen hatte, auf ein Sofa in der Ecke.

Er hatte mich nicht erkannt, das war mir nur angenehm. Ich ging und trug in meinem Gedächtnis seine Worte vom Untergang durch die Liebe, in meinem Herzen aber Abscheu vor ihm mit mir fort.

Bald danach erzählte man mir, er habe dem einen der Mädchen, bei denen er wohnte, eine Liebeserklärung gemacht und – noch am gleichen Tage – auch dem anderen. Die Schwestern teilten einander die freudige Nachricht mit, und ihre Freude verwandelte sich in Zorn gegen den Verliebten. Sie ließen dem Prediger der Liebe durch den Hausknecht sagen, er möge unverzüglich ihr Haus verlassen. Und er verschwand aus der Stadt.

Die Frage nach der Bedeutung der Liebe und der Barmherzigkeit im Leben der Menschen – eine furchtbare und komplizierte Frage – war früh vor mir aufgetaucht, zunächst in Form eines unbestimmten, doch scharf empfundenen Zwiespalts in meiner Seele, später in der präzisen Form der klaren Frage: Welche Rolle spielt die Liebe?

Alles, was ich gelesen hatte, war von den Ideen des Christentums, des Humanismus, vom Schrei nach dem menschlichen Mitgefühl durchdrungen. Eben davon sprachen mit flammender Beredsamkeit auch die besten der Menschen, die ich in jenen Tagen kannte.

Alles, was ich mit eigenen Augen beobachtete, entbehrte fast völlig des menschlichen Mitgefühls. Das Leben rollte als endlose Kette von Feindseligkeiten und Hartherzigkeiten vor mir ab, als ununterbrochener, schmutziger Kampf um den Besitz von Nichtigkeiten. Ich persönlich benötigte nur Bücher, alles andere war in meinen Augen belanglos.

Ich brauchte nur auf die Straße zu gehen und eine Stunde vor dem Haustor zu sitzen, um zu verstehen, daß alle diese Droschkenkutscher, Hausknechte, Arbeiter, Kaufleute oder Beamten ein anderes Leben führten als ich und die Menschen, die ich liebte, daß sie anderes wollten, in anderer Richtung strebten. Diejenigen aber, die ich achtete und denen ich vertraute, wirkten inmitten der Mehrheit, inmitten der schlauen, ein wenig schmuddligen Arbeit der Ameisen, die am Ameisenhaufen des Lebens bauten, sonderbar fremd, einsam und – überflüssig; ein solches Leben erschien mir dumm und entsetzlich langweilig. Und oft genug sah ich, daß die Menschen barmherzig und liebevoll nur in ihren Reden waren, während sie sich in ihren Handlungen, ohne es zu merken, der allgemeinen Ordnung des Lebens fügten.

Alles das bedrückte mich sehr.

Eines Tages sagte der Veterinärmediziner Lawrow, der von Wassersucht gelb und verschwollen war, schwer atmend zu mir: »Man muß die Hartherzigkeit so weit treiben, daß alle ihrer überdrüssig werden, daß sie allen zuwider wird wie dieser dreimal vermaledeite Herbst!«

Der Herbst kam früh, er war regnerisch und kalt und brachte Krankheiten und Selbstmorde mit sich. Auch Lawrow wollte nicht warten, bis ihn die Wassersucht erstickte, und vergiftete sich mit Zyankali.

»Hat Viecher kuriert und ist wie ein Vieh verreckt!« Diese Worte sandte dem toten Veterinärmediziner zum Abschied sein Wohnungswirt nach, der Schneider Mednikow, ein dürres, gottesfürchtiges Männlein, das alle Lobgesänge auf die Muttergottes auswendig wußte. Er prügelte seine Kinder – ein Mädchen von sieben und einen Gymnasiasten von elf Jahren – mit einer dreischwänzigen Riemenpeitsche, während er seine Frau mit einem Bambusrohr auf die Waden schlug und sich beschwerte: »Der Friedensrichter hat mich verurteilt, ich hätte dieses System angeblich von den Chinesen, dabei ist mir – außer auf Firmenschildern und Bildern – in meinem Leben noch kein Chinese begegnet.«

Einer von seinen Arbeitern, ein trübsinniger, krummbeiniger Bursche mit dem Spitznamen »Dunkas Mann«, sagte von seinem Herrn: »Ich fürchte die Sanftmütigen, die strengen Glaubens sind! Der Gewalttätige ist gleich zu erkennen, du hast immer noch Zeit, dich vor ihm zu verbergen, während der Sanftmütige unbemerkt – wie eine tückische Schlange durchs Gras – auf dich zukriecht und dich beißt, wo deine Seele am ehesten verwundbar ist. Die Sanftmütigen fürchte ich . . .«

An den Worten von »Dunkas Mann«, einem ebenfalls sanftmütigen, schlauen Denunzianten, der bei Mednikow in hoher Gunst stand, war etwas Wahres.

Manchmal schien mir, daß die Sanftmütigen das steinerne Herz des Lebens gleich Flechten zersetzten, es auflockerten und fruchtbarer machten, aber häufiger noch fühlte ich mich, wenn ich die Vielzahl dieser Sanftmütigen, ihre geschickte Anpassung an die Niedertracht, ihre kaum greifbare seelische Wandelbarkeit und Schmiegsamkeit beobachtete und ihrem Mückengesumm lauschte, wie ein gekoppeltes Pferd in einer Wolke von Bremsen.

An all das dachte ich, als ich von dem Polizisten kam.

Der Wind seufzte und ließ die Lichter der Straßenlaternen erzittern. Es schien, als zittere der dunkelgraue Himmel, aus dem ein staubfeiner Oktoberregen auf die Erde niederfiel. Eine durchnäßte Prostituierte zerrte einen Betrunkenen die Straße hinauf; sie hielt ihn untergefaßt und stieß ihn voran, während er vor sich hin murmelte und gelegentlich schluchzte. Sie sagte mit dumpfer, erschöpfter Stimme: »Es ist nun einmal dein Los ...«

So, dachte ich, zerrt auch mich jemand hinter sich her, stößt mich in häßliche Winkel, zeigt mir Schmutziges, Trauriges, zeigt mir allerlei bunt zusammengewürfelte Menschen. Ich bin all dessen müde.

Vielleicht hatte ich es nicht gerade in diesen Worten gedacht, aber eben dieser Gedanke durchzuckte mich, und eben an diesem traurigen Abend empfand ich zum erstenmal Müdigkeit in der Seele und ein bohrendes Weh im Herzen. Von dieser Stunde an fühlte ich mich schlechter und sah mich selber gewissermaßen von der Seite, mit kalten, fremden, feindseligen Augen.

Ich sah, daß fast bei allen Menschen sperrig und ungefüge nicht nur Widersprüche in Worten und Handlungen, sondern auch im Fühlen nebeneinander lagen, und ihr launisches Spiel bedrückte mich besonders. Ich beobachtete dieses Spiel – und das war noch schlimmer – auch bei mir selber. Es zog mich nach allen Seiten – zu den Frauen und zu den Büchern, zu den Arbeitern und zu den fröhlichen Studenten, ich kam jedoch nirgends zurecht, ich lebte »zwischen Baum und Borke« und drehte mich wie ein Kreisel, den eine unsichtbare, aber starke Hand kräftig mit einer unsichtbaren Peitsche treibt.

Ich hörte, daß Jakow Schaposchnikow ins Krankenhaus gekommen war, und ging ihn besuchen, doch eine schiefmäulige dicke Frau mit Brille und weißem Kopftuch, unter dem krebsrote Ohren hervorquollen, sagte trocken zu mir: »Er ist tot.«

Als sie sah, daß ich nicht fortging, sondern stumm vor ihr stand, wurde sie böse und rief: »Nun? Was denn noch?«

Da wurde auch ich böse und sagte: »Sie sind eine dumme Gans.«

»Nikolai, wirf ihn hinaus!«

Nikolai, der irgendwelche dünnen Messingstangen mit einem Lappen abwischte, räusperte sich und schlug mich mit einer Stange auf den Rücken. Da nahm ich ihn in beide Arme, trug ihn auf die Straße hinaus und setzte ihn in eine Pfütze vor dem Eingang zum Krankenhaus. Er regte sich darüber nicht weiter auf, blieb eine Weile stumm in der Pfütze sitzen und glotzte mich an, dann stand er auf und sagte: »Ach du Hund!«

Ich ging in den Dershawin-Garten, setzte mich vor dem Denkmal des Dichters auf eine Bank und verspürte den heftigen Wunsch, etwas Böses, Abscheuliches anzustellen, damit sich ein Haufe von Menschen auf mich stürze und mir das Recht gebe, dreinzuschlagen. Aber im Garten war es trotz des Feiertags menschenleer, auch um den Garten herum war keine Menschenseele zu sehen. Nur der Wind tobte, wirbelte trockenes Laub auf und raschelte mit einem abgelösten Anschlagzettel an einem Laternenpfahl.

Über dem Garten verdichtete sich eine durchsichtig-blaue, kalte Dämmerung. Vor mir ragte das riesige Bronze-Idol empor, ich blickte es an und dachte mir: Da hat auf der Erde ein einsamer Mann, Jakow, gelebt, hat mit aller Kraft seiner Seele den Herrgott zu vernichten gestrebt und ist eines gewöhnlichen Todes gestorben. Eines ganz gewöhnlichen. Darin lag etwas Bedrückendes, sehr Kränkendes.

Nikolai aber war ein Idiot. Er hätte sich mit mir prügeln oder die Polizei rufen und mich abführen lassen müssen.

Ich ging zu Rubzow; er saß in seinem Mauseloch vor einer kleinen Lampe und besserte seine Jacke aus.

»Jakow ist tot.«

Der Alte hob die Hand mit der Nähnadel, offenbar um sich zu bekreuzigen, winkte dann aber nur ab, blieb mit dem Faden an etwas hängen und stieß leise ein unflätiges Schimpfwort aus.

Dann brummte er: »Sterben werden wir, nebenbei gesagt, alle, ist nun mal so ein dummer Brauch, ja doch, mein Freund! Nun, er ist eben gestorben, aber es hat hier so einen Kupferschmied gegeben – auch den kann man abschreiben. Den haben letzten Sonntag die Gendarmen geholt. Mich hatte Gurka mit ihm bekannt gemacht. Ein heller Kopf, der Kupferschmied. Hat sich ein bißchen mit den Studenten eingelassen. Hast du gehört, daß die Studenten meutern – stimmt das? Hier, näh mir doch mal die Jacke fertig, ich kann überhaupt nichts mehr sehen . . .«

Er übergab mir sein Lumpenzeug nebst Nadel und Faden, während er selbst, die Hände auf dem Rücken verschränkt, im Zimmer auf und ab zu gehen begann, hustete und brummte: »Bald da, bald dort flammt ein Feuer auf, aber der Teufel bläst's aus, und wieder herrscht Langeweile! Eine unglückliche Stadt. Ich will fort von hier, solange die Dampfer noch fahren.«

Dann blieb er stehen, kratzte sich den Schädel und fragte: »Aber wo soll ich hin? Bin überall schon gewesen. Ja doch! Überall – und bin dabei immer mehr heruntergekommen.«

Er spie aus und fügte hinzu: »Das ist ein Leben, verdammt noch mal! Da hat man gelebt und geschafft und doch nichts erworben – weder für die Seele noch für den Körper . . .«

Er verstummte, blieb in der Ecke unweit der Tür stehen und schien auf etwas zu horchen, trat dann entschlossen auf mich zu und setzte sich auf den Tischrand.

»Ich will dir etwas sagen, du mein Lexej Maximytsch – Jakow hat sein großes Herz zu Unrecht verbraucht, um gegen den Herrgott zu ringen. Weder Gott noch der Zar werden besser, wenn ich mich von ihnen lossage. Die Menschen müssen über sich selbst in Zorn geraten und ihr niederträchtiges Leben umkrempeln – darauf kommt's an! Schade, daß ich zu alt bin, es ist zu spät, ich werde bald ganz erblinden – ein Jammer, mein Freund! Hast du's zusammengenäht? Danke . . . Komm, wir gehen ins Gasthaus – Tee trinken . . .«

Auf dem Weg zum Gasthaus griff er, in der Dunkelheit stolpernd, mehrmals nach meinen Schultern. Er murmelte: »Denk an mein Wort – die Menschen werden die Geduld verlieren, werden eines Tages in Wut geraten und alles ringsum zertrümmern, all ihre Nichtigkeiten! Sie werden die Geduld verlieren . . .«

Bis zum Gasthaus kamen wir nicht. Wir stießen auf Matrosen, die ein »öffentliches Haus« belagerten; sein Tor wurde von Arbeitern der Alafusowschen Fabrik verteidigt.

»Hier wird jeden Feiertag gerauft«, sagte Rubzow anerkennend, nahm die Brille ab, mischte sich, als er Arbeitsgefährten unter den Verteidigern des Hauses entdeckte, sogleich in die Schlacht und stachelte die Mitkämpfer auf: »Haltet euch, Fabriker! Zeigt es den Fröschen! Macht sie fertig, die Plötzen! Gebt's ihnen!«

Es war seltsam und spaßig genug anzusehen, mit welcher Begeisterung, welchem Geschick der kluge Alte vorging, wie er sich durch die Schar der Süßwassermatrosen durchschlug, ihre Fäuste abwehrte, den oder jenen durch einen Stoß mit der Schulter zu Boden warf. Man schlug sich ohne Grimm, eher zum Spaß, aus Schneid, aus überschüssiger Kraft. Ein dunkler Haufe von Körpern drängte sich vor dem Tor und drückte die »Fabriker« zusammen. Bretter knarrten und drohten zu bersten, übermütige Rufe erklangen: »Haut den glatzköpfigen Woiwoden!«

Zwei Burschen waren aufs Dach geklettert und sangen munter, in schönster Harmonie:

»Wir sind weder Diebe, noch Gauner, noch Räuberpack,
Sind Jungen vom Schiff, sind Fischervolk!«

Ein Polizist pfiff, Messingknöpfe blitzten in der Dunkelheit, unter den Füßen gluckste der Schlamm, während man vom Dach herunter weitersang:

»Wir werfen die Netze auf trockenen Ufern aus,
Um Kaufmannshäuser, um Speicher und Kammern
herum . . .«

»Halt! Wenn einer am Boden liegt, schlägt man ihn nicht . . .«

»Großvater, halt deinen Kiefer fest!«

Schließlich führte man Rubzow, mich und weitere fünf Mann, ich weiß nicht, ob Freund oder Feind, zum Polizeirevier ab. Das beruhigte Dunkel der herbstlichen Nacht begleitete uns mit dem munteren Lied:

»Hach, wir fingen vierzig Hechte,
Draus man Pelze näht, und echte!«

»Was für ein prächtiges Volk doch bei uns an der Wolga lebt!« rief begeistert Rubzow, obwohl er häufig genug spucken und sich schneuzen mußte, und raunte mir zwischendurch zu: »Mach dich dünne! Paß den richtigen Augenblick ab und lauf! Was willst du auf dem Polizeirevier?«

Ich und gleich nach mir ein langer Matrose stürzten in eine Seitengasse und übersprangen einen, dann einen zweiten Zaun. Seit dieser Nacht bin ich dem lieben, gescheiten Nikita Rubzow nie wieder begegnet.

Um mich herum wurde es leer. Unter den Studenten brachen Unruhen aus – ihr Sinn blieb mir verschlossen, ihre Motive waren mir nicht klar. Ich sah ein fröhliches Hin und Her, ohne das Drama dahinter zu fühlen, und dachte mir, um des Glücks willen, an einer Universität zu studieren, könne man sogar Mißhandlungen auf sich nehmen. Wenn man mir vorgeschlagen hätte: Geh, studiere, aber wir werden dich dafür sonntags auf dem Nikolajewskaja-Platz mit Stöcken traktieren! – ich wäre sicherlich darauf eingegangen.

Ich sah in der Feinbäckerei von Semjonow herein und erfuhr, daß die Bäcker vorhatten, zur Universität zu ziehen und die Studenten zu verprügeln.

»Wir werden mit Gewichten auf sie losgehen!« sagten sie mit fröhlicher Wut.

Ich schalt sie, ließ mich auf einen Streit mit ihnen ein, fühlte aber plötzlich fast mit Entsetzen, daß ich gar nicht den Wunsch und die Worte hatte, die Studenten zu verteidigen.

Ich weiß noch, ich kam wie ein Verkrüppelter aus dem Keller, mit einem unüberwindlichen, tödlichen Kummer im Herzen.

In der Nacht saß ich am Ufer des Sees Kaban, warf Steine in das schwarze Wasser und wiederholte in Gedanken stets die gleichen vier Worte: Was soll ich tun?

Vor lauter Trübsal lernte ich Geige spielen. Ich kratzte nachts im Laden auf ihr herum und brachte den Nachtwächter und die Mäuse in Verwirrung. Die Musik liebte ich, ich übte mit großer

Begeisterung, aber mein Lehrer, Orchestergeiger am Theater, zog – als ich den Laden einmal verließ – das unverschlossene Kassenschubfach heraus. Ich kam zurück und ertappte ihn dabei, wie er sich die Taschen voll Geld stopfte. Als er mich in der Tür erblickte, reckte er den Hals, hielt mir sein trauriges rasiertes Gesicht hin und sagte mit leiser Stimme: »Schlag zu!«

Seine Lippen zitterten, aus den farblosen Augen rollten ölige, sonderbar große Tränen.

Am liebsten hätte ich zugeschlagen; um das nicht zu tun, setzte ich mich auf den Fußboden, schob mir die Fäuste unter und hieß ihn das Geld in die Kasse legen. Er leerte die Taschen, ging zur Tür, blieb jedoch plötzlich stehen und sagte mit idiotisch hoher, schrecklicher Stimme: »Gib mir zehn Rubel!«

Das Geld bekam er, aber das Geigespielen gab ich auf.

Im Dezember beschloß ich, meinem Leben ein Ende zu machen. Ich habe versucht, das Motiv dieses Entschlusses in der Erzählung »Eine Begebenheit aus Makars Leben« zu beschreiben. Das ist mir jedoch nicht gelungen. Die Erzählung ist unbeholfen und unangenehm, sie entbehrt der inneren Wahrheit. Aber gerade daß diese Wahrheit fehlt, sollte man ihr – wie mir scheint – als Vorzug anrechnen. Die Tatsachen stimmen, doch das Licht, in dem sie erscheinen, ist nicht von mir, die ganze Erzählung scheint nicht von mir zu handeln. Läßt man die Frage nach dem literarischen Wert beiseite, dann hat die Erzählung für mich etwas Erfreuliches – es ist, als hätte ich mich selber überwunden.

Ich kaufte mir auf dem Basar einen Trommelrevolver, der mit vier Patronen geladen war, jagte mir in der Absicht, das Herz zu treffen, eine Kugel in die Brust, durchschoß aber nur die Lunge und nahm einen Monat später – äußerst verlegen, mit dem Gefühl, mich entsetzlich blamiert zu haben – meine Arbeit in der Bäckerei wieder auf.

Doch nicht für lange. Ende März, als ich eines Abends aus der Backstube in den Laden kam, erblickte ich im Zimmer der Verkäuferin – Chochol. Er saß auf einem Stuhl am Fenster, rauchte nachdenklich eine dicke Zigarette und starrte aufmerksam in die Rauchwölkchen.

»Haben Sie etwas Zeit?« fragte er, ohne mich zu begrüßen. –

»Ja, zwanzig Minuten.« – »Setzen Sie sich, wir müssen miteinander reden.«

Er war wie immer in seinen derben Kosakenrock eingeschnürt. Auf der breiten Brust lag der helle Bart, über der eigensinnigen Stirn starrte, bürstenartig geschnitten, das harte und kurze Haar. Er hatte schwere Bauernstiefel an, die kräftig nach Teer rochen.

»Ja, also«, begann er ruhig und mit gedämpfter Stimme, »möchten Sie nicht mit mir kommen? Ich lebe im Dorf Krasnowidowo, fünfundvierzig Werst stromab an der Wolga, und habe dort einen Laden. Sie sollen mir die Kunden bedienen helfen, das würde Ihre Zeit nicht allzusehr in Anspruch nehmen. Ich habe gute Bücher und könnte Ihnen beim Lernen behilflich sein – wären Sie einverstanden?«

»Ja.«

»Kommen Sie Freitag um sechs Uhr morgens zur Anlegebrücke von Kurbatow und fragen Sie nach dem Frachtboot aus Krasnowidowo – der Besitzer heißt Wassilij Pankow. Ich werde übrigens schon da sein und Sie ja sehen. Bis dahin!«

Er erhob sich, streckte mir die breite Hand entgegen, zog mit der anderen eine schwere silberne Zwiebeluhr aus der Brusttasche und sagte: »Wir haben ganze sechs Minuten gebraucht! Ja – ich heiße Michailo Antonow, mit Nachnamen Romas. Das wäre alles.«

Er ging davon, ohne sich umzublicken. Die Füße traten fest auf und trugen mühelos den schweren, hünenhaften Körper.

Zwei Tage danach legten wir nach Krasnowidowo ab.

Das Eis auf der Wolga ist eben erst aufgebrochen, auf ihrem trüben Wasser schaukeln graue, bröcklige Eisschollen, das Boot überholt sie; sie reiben sich knirschend an den Bordwänden, zerfallen, wenn man sie anstößt, zu scharfen Kristallen. Der Fallwind tummelt sich und treibt die Wellen ans Ufer. Blendend hell funkelt die Sonne, das bläuliche Glas der Eisschollenränder wirft sie als grellweiße Garbe zurück. Das Boot, mit Fässern, Säcken und Kisten schwer beladen, segelt, gesteuert vom jungen Bauern Pankow; er trägt eine flotte Jacke aus Schaffell, das mit dem Leder nach außen gekehrt und über der Brust bunt bestickt ist.

Sein Gesicht ist ruhig, die Augen wirken kalt, er spricht nicht viel und sieht einem Bauern gar nicht ähnlich. Am Bug steht mit gespreizten Beinen, den Bootshaken in der Hand, Pankows Knecht Kukuschkin, ein schlampiges Bäuerlein in zerrissenem, mit einem Strick gegürtetem Überrock, einen zerbeulten Popenhut auf dem Kopf, das Gesicht voller Schrammen und blauer Flecken.

Verächtlich schimpfend schiebt er mit dem langen Bootshaken die Eisschollen auseinander.

»Platz da . . . Wohin? . . .«

Romas und ich sitzen nebeneinander auf Kisten unter dem Segel. Er sagt mit leiser Stimme zu mir: »Die Bauern mögen mich nicht, besonders die reichen. Diese Abneigung werden auch Sie zu spüren bekommen.«

Kukuschkin legt den Bootshaken zu seinen Füßen quer über die Bordränder hin, wendet uns sein entstelltes Gesicht zu und sagt voller Entzücken: »Vor allem der Pope kann dich nicht leiden, Antonytsch.«

»Ja, das stimmt«, bestätigt Pankow.

»Du steckst dem pockennarbigen Kerl wie ein Knochen im Halse!«

»Ich habe auch Freunde – auch Sie werden welche finden«, höre ich die Stimme Chochols.

Es ist kalt. Die Märzsonne wärmt noch nicht recht. Am Ufer schaukeln die dunklen Zweige der kahlen Bäume, da und dort liegt in den Mulden und unter den Sträuchern der Steilhänge noch Schnee – wie Fetzen von Samt. Überall auf dem Fluß Eisschollen – als weidete eine Herde Schafe. Ich fühle mich wie im Traum.

Kukuschkin stopft Tabak in seine Pfeife und philosophiert: »Zugegeben, du bist nicht des Popen Ehefrau, immerhin aber ist er von Amts wegen verpflichtet, alle Geschöpfe zu lieben, wie's in den Büchern steht.«

»Wer hat dich eigentlich verprügelt?« fragt mit spöttischem Lächeln Romas.

»Irgendwelche dunklen Ehrenmänner, vermutlich Spitzbuben«, meint Kukuschkin verächtlich. Und er fügt stolz hinzu: »Aber einmal haben mich Antilleristen verdroschen – das war eine Sache! Einfach nicht zu verstehen, wieso ich am Leben geblieben bin.«

»Weshalb haben sie dich verdroschen?« fragte Pankow.

»Gestern? Oder die Antilleristen?« – »Sagen wir – gestern.« – »Ja, kann man denn wissen, weshalb man Dresche bekommt? Die Leute sind wie die Ziegenböcke – kaum haben sie was, rennen sie mit den Hörnern gegen dich an! Sie sehen es als ihre Pflicht an zu raufen!«

»Ich glaube«, sagt Romas, »sie strafen dich wegen der losen Zunge – du redest zu unvorsichtig ...«

»Wird wohl so sein! Ich bin ein Mann von neugierigem Charakter, ich bin's gewohnt, die Leute nach allem zu fragen. Wenn ich was Neues höre, freue ich mich.«

Der Bug des Bootes stößt mit Wucht gegen eine Eisscholle, man hört die Bordwand entlang ein böses Schurren. Kukuschkin schwankt, greift nach dem Bootshaken, und Pankow ermahnt ihn vorwurfsvoll: »Achte lieber auf deine Arbeit, Stepan!«

»Dann red nicht mit mir!« murmelt Kukuschkin und drückt die Eisschollen ab. »Ich kann nicht alles auf einmal – meine Pflicht tun und mich mit dir unterhalten ...«

Sie streiten sich gutmütig herum, während Romas zu mir sagt: »Der Boden hier ist schlechter als bei uns in der Ukraine, aber die Menschen sind besser. Ein sehr begabtes Volk!«

Ich höre ihm aufmerksam zu und fühle Vertrauen zu ihm. Seine Ruhe, seine einfache, gemessene, gewichtige Art zu reden gefallen mir. Man fühlt, daß dieser Mann viel weiß und ein eigenes Maß für die Menschen hat. Es berührt mich besonders angenehm, daß er nicht fragt, warum ich mich erschießen wollte. Jeder andere an seiner Stelle hätte sich längst danach erkundigt, und ich bin dieser Frage so müde. Sie ist auch nicht leicht zu beantworten. Weiß der Teufel, weshalb ich mich umbringen wollte. Ich wäre Chochol vermutlich mit einer langen und dummen Begründung gekommen. Aber eigentlich wollte ich überhaupt nicht daran erinnert werden – auf der Wolga war es so schön, so frei, so hell.

Das Boot fährt dicht am Ufer entlang. Nach links zu hat sich der Fluß stark verbreitert und den Sand der Wiesenseite überschwemmt. Man sieht, wie das Wasser steigt, wie es die Uferstäucher umspült und hin und her wiegt, während sich ihm entgegen durch Klüfte und Schlüchte rauschend die hellen

Frühlingsbäche ergießen. Die Sonne lacht, in ihrem Schein glänzen die Federn gelbgeschnäbelter Krähen, die geschäftig krächzend an ihren Nestern bauen, schwarz wie Stahl. Rührend drängen unter den wärmenden Strahlen grellgrüne Grashälmchen aus der Erde zur Sonne. Der Körper friert, doch in der Seele ist stille Freude, auch in der Seele sprießen die zarten Triebe schöner Hoffnungen. Wie wohl ist einem im Frühling auf Erden!

Wir kamen gegen Mittag vor Krasnowidowo an. Auf einem hohen, steil abfallenden Berg steht eine Kirche mit himmelblauen Kuppeln, von ihr aus ziehen sich am Rande des Hanges im Gänsemarsch die Häuser hin – gute, festgezimmerte Häuser, die mit dem Gelb ihrer Dachschindeln, mit dem Brokat ihrer Strohdächer glänzen. Einfach und schön.

Wie oft hatte ich, wenn ich auf einem Dampfer vorüberkam, dieses Dorf bewundert!

Als ich mich mit Kukuschkin daran machte, die Fracht von Bord zu schaffen, sagte Romas, der mir die Säcke herunterreichte: »Oho! Sie haben aber Kräfte!«

Und ohne mich anzusehen, erkundigte er sich: »Haben Sie auch keine Schmerzen in der Brust?«

»Nein, wirklich nicht.«

Ich war von der Feinfühligkeit seiner Frage gerührt; mir lag besonders viel daran, daß die Bauern nichts von meinem Selbstmordversuch erfuhren.

»Kraft hat er ja, mehr als von Amts wegen verlangt wird«, schwatzte inzwischen Kukuschkin. »Aus welchem Gouvernement kommst du, mein Junge? Aus Nishnij Nowgorod? Man nennt euch ›Wassersuppenlöffler‹.«

Vom Berg kam über den aufgeweichten Lehm der Fahrstraße, zwischen zahllosen silbern blinkenden Bächen schlitternd, mit langen, schwankenden Schritten ein großer, hagerer Bauer gegangen, barfuß, nur mit Hemd und Hosen angetan, mit krausem Bart und rötlichem Haarwust.

Als er am Ufer war, sagte er klangvoll und freundlich: »Willkommen!«

Dann sah er sich um, las erst eine, dann eine zweite dicke Stange auf, legte beide mit den Enden auf den Bord, sprang leichtfüßig ins Boot und kommandierte: »Stemmt euch mit den

Füßen gegen die Stangenenden, damit sie nicht abrutschen, und nehmt die Fässer in Empfang! Bursche, los, hilf!«

Er war bildschön und offenbar sehr stark. In seinem frischen Gesicht mit der großen, geraden Nase strahlten streng die bläulichen Augen.

»Du wirst dich erkälten, Isot«, sagte Romas.

»Wer – ich? Da mach dir keine Sorgen!«

Man hatte ein Faß Petroleum ans Ufer gerollt. Isot maß mich mit einem Blick und fragte: »Bist du der neue Kommis?«

»Versuch dich doch im Ringkampf mit ihm«, schlug Kukuschkin vor.

»Und dir haben sie wieder einmal eins auf die Schnauze gegeben?« – »Was kann man mit ihnen machen?« – »Mit wem denn?« – »Na – mit den Schlägern ...«

»Hach, du!« sagte Isot, seufzte und wandte sich an Romas: »Die Wagen werden gleich unten sein. Ich habe euch schon von weitem kommen sehen! Ihr seid gut gefahren. Geh nur, Antonytsch, ich werde hier nach dem Rechten sehen.«

Man merkte, daß der Mann Romas freundschaftlich zugetan, um ihn besorgt war, ja ihn begönnerte, obwohl Romas etwa zehn Jahre älter war als er.

Eine halbe Stunde später saß ich in der sauberen, gemütlichen Stube eines nagelneuen Bauernhauses, dessen Wände noch den Geruch von Harz und Werg ausströmten. Eine flinke, scharfäugige Bauernfrau deckte den Mittagstisch. Chochol packte die mitgebrachten Bücher aus und stellte sie auf das Bücherbord neben dem Ofen.

»Ihr Zimmer ist auf dem Dachboden«, sagte er.

Aus dem Dachkammerfenster sah man einen Teil des Dorfes, gegenüber unserem Hause eine Schlucht, in der Schlucht Badehausdächer zwischen Büschen. Hinter der Schlucht strebten Gärten und schwarze Felder in weichen Wellen zum blauen Kamm des Waldes am Horizont. Auf dem First eines Badehauses saß rittlings ein blau gekleideter Bauer mit einer Axt in der Hand, mit der anderen Hand schirmte er die Augen ab und blickte zur Wolga. Ein Wagen knarrte, eine Kuh brüllte, die Bäche rauschten.

Aus einem Haustor trat – ganz in Schwarz – eine Alte, wandte sich zum Tor und sagte voller Ingrimm: »Verrecken sollt ihr!«

Zwei Jungen, die einem Bächlein geschäftig mit Steinen und Schlamm den Weg verlegten, stürzten, als sie die Stimme der Alten hörten spornstreichs davon, während sie einen Span von der Erde auflas, auf ihn spie und ihn in den Bach warf. Dann zertrat sie mit ihrem Männerstiefel das Bauwerk der Kinder und ging weiter zum Fluß.

Wie würde ich mich hier einleben?

Man rief mich zum Mittagessen. Unten saß, die langen Beine mit den roten Füßen von sich gestreckt, Isot am Tisch und redete, verstummte aber, als er mich sah.

»Was hast du denn?« fragte Romas verstimmt. »So sprich doch!«

»Ist weiter nicht viel zu sagen, ich habe schon alles gesagt. Wir haben also beschlossen, wir helfen uns selber. Du trägst einen Revolver oder einen dicken Knüppel bei dir. In Barinows Gegenwart darf nicht von allem gesprochen werden, er und Kuschkin schwatzen wie die Weiber. Sag, Bursche, angelst du gern?«

»Nein.«

Romas kam darauf zu sprechen, daß man die Bauern und kleinen Gartenbesitzer organisieren müsse, um sie den Händen der Aufkäufer zu entreißen.

Isot hörte ihm aufmerksam zu und meinte: »Die Kulaken werden dir das Leben endgültig versalzen.«

»Wir werden ja sehen.«

»Verlaß dich darauf!«

Ich blickte auf Isot und dachte: Sicherlich schreiben Karonin und Slatowratskij ihre Bauernerzählungen nach solchen Vorbildern.

War es mir wirklich gelungen, etwas Ernsthaftes zu finden? Würde ich jetzt mit Menschen zusammenarbeiten, die Wichtiges vollbringen?

Nach dem Mittagessen sagte Isot: »Beeil dich nicht, Michailo Antonow, gut Ding will Weile haben. Man muß vorsichtig sein.«

Als er gegangen war, meinte Romas nachdenklich: »Ein kluger, ehrlicher Bursche. Schade, daß er kaum lesen und schreiben kann. Aber er lernt hartnäckig. Vielleicht helfen Sie ihm dabei?«

Bis in den Abend unterrichtete er mich von den Preisen im Laden und erzählte: »Ich verkaufe billiger als die beiden anderen Ladenbesitzer im Dorf, natürlich gefällt ihnen das nicht. Sie versuchen immer wieder, mir eins auszuwischen und mich zu verprügeln. Ich lebe hier nicht, weil mir der Handel besonders zusagt oder weil er gewinnbringend ist, sondern aus anderen Gründen. Es handelt sich um etwas Ähnliches wie bei eurer Bäkkerei ...«

Ich sagte, das hätte ich schon geahnt.

»Nun ja ... Schließlich muß man den Menschen ein bißchen Vernunft beibringen, nicht wahr?«

Der Laden war abgeschlossen, wir gingen mit einer Lampe in der Hand darin umher. Auch draußen bewegte sich jemand, patschte vorsichtig durch den Straßenschmutz und stieg gelegentlich schwerfällig die Stufen zum Laden hinauf.

»Hören Sie? – da geht jemand. Das ist Migun, ein landloser Bauer und übler Kerl, der ebensogern Böses tut, wie ein hübsches Mädel kokettiert. Seien Sie recht vorsichtig, wenn Sie mit ihm reden, und überhaupt ...«

Später, in der Stube, steckte er die Pfeife in Brand, lehnte sich mit dem breiten Rücken an den Ofen und blies mit zusammengekniffenen Augen Rauchwölkchen in seinen Bart. Langsam die Worte zu einfacher, klarer Rede verbindend, sagte er mir, er habe schon lange bemerkt, wie nutzlos ich meine Jugendjahre verbringe.

»Sie sind begabt, sind hartnäckig von Natur und streben offenbar nach dem Guten. Sie müssen lernen, aber so, daß Ihnen das Buch nicht den Blick auf die Menschen verstellt. Ein alter Sektenangehöriger hat einmal sehr richtig zu mir gesagt: ›Alle Belehrung geht vom Menschen aus.‹ Die Menschen lehren uns schmerzhafter – sie tun es recht rauh –, aber die Lehre prägt sich dafür auch fester ein.«

Er sprach von Dingen, die mir bekannt waren, so davon, daß man auf dem Dorf vor allem die Vernunft wachrütteln müsse. Doch auch die Worte, die ich schon kannte, bekamen nun einen neuen, tieferen Sinn.

»Da schwatzen bei euch die Studenten viel von der Liebe zum Volk; ich sage ihnen darauf – man kann das Volk nicht lieben. ›Liebe zum Volk‹ – das sind nur Worte . . .«

Er lächelte in seinen Bart hinein, sah mich forschend an, begann im Zimmer auf und ab zu gehen und fuhr bestimmt und mit Nachdruck fort: »Lieben bedeutet einverstanden sein, Nachsicht üben, übersehen, verzeihen. Damit muß man sich an die Frauen wenden. Kann man denn aber die Unwissenheit im Volk übersehen, seinen irrigen Auffassungen beipflichten, mit seinen Gemeinheiten Nachsicht üben, ihm seine Bestialitäten verzeihen? Kann man das?«

»Nein.«

»Sehen Sie! Da lesen und singen bei Ihnen alle Nekrassows Verse. Ja, wissen Sie, man kommt mit diesem Nekrassow nicht allzuweit! Dem Bauern muß man einhämmern: ›Du, mein Lieber, bist an und für sich kein schlechter Kerl, lebst aber schlecht genug und weißt nicht das mindeste zu tun, damit dein Leben leichter und besser wird. Ein Tier weiß besser für sich zu sorgen, weiß sich besser zur Wehr zu setzen als du. Und dabei ist aus dir, dem Bauern, alles hervorgegangen – der Adel, die Geistlichkeit, die Gelehrten, die Zaren; sie alle waren ursprünglich Bauern. Siehst du es ein? Hast du verstanden? Dann lerne leben, ohne dich unterkriegen zu lassen . . .‹«

Er ging in die Küche, befahl der Köchin, den Samowar anzuheizen, und zeigte mir seine Bücher – fast alle von wissenschaftlichem Charakter: Buckle, Lyell, Hartpole, Lecky, Lubbock, Taylor, Mill, Spencer und Darwin, dann von den Russen Pissarew, Dobroljubow, Tschernyschewskij, Puschkin, Gontscharows »Fregatte Pallas« und Nekrassow.

Er streichelte sie – wie junge Kätzchen – zärtlich mit seiner breiten Hand und brummte beinah gerührt: »Gute Bücher! Und das hier ist eine große Seltenheit – die Auflage wurde von der Zensur verbrannt. Wenn Sie wissen wollen, was der Staat ist, dann lesen Sie dieses!«

Und er reichte mir Hobbes' Buch »Leviathan«.

»Auch dieses hier handelt vom Staat, ist aber leichter, vergnüglicher!« Mit dem vergnüglichen Buch war, wie sich herausstellte, Machiavellis »Der Fürst« gemeint.

Beim Tee erzählte er mir dann kurz von sich selbst: Er sei der Sohn eines Tschernigower Schmiedes, habe als Schmierer auf der Eisenbahnstation Kiew gearbeitet, dort die Bekanntschaft von Revolutionären gemacht und einen Bildungszirkel für Arbeiter gegründet; er sei verhaftet, für etwa zwei Jahre ins Gefängnis geworfen und schließlich zu zehn Jahren Verbannung im Gebiet Jakutien verurteilt worden.

»Zuerst habe ich in einem Ulus, einer Siedlung, mit den Jakuten gelebt – ich dachte, ich komme um. Der Winter dort ist, hol ihn der Teufel, so, daß einem, wissen Sie, das Gehirn erfriert. Im übrigen braucht man dort auch nicht viel Verstand. Später sah ich dann: Hier und da sitzt ein Russe herum, das Land war ja nicht gerade von Russen gespickt, aber immerhin – es gab welche! Und man schickt ihnen, damit sie sich nicht langweilen, vorsorglich neue nach. Prächtige Menschen. Da war zum Beispiel der Student Wladimir Korolenko; auch er ist jetzt zurückgekehrt. Wir haben uns gut verstanden, sind dann aber doch auseinandergekommen. Wir waren, wie sich ergab, einander in vielem ähnlich, und Ähnlichkeit läßt eine Freundschaft nicht recht gedeihen. Er ist jedoch ernst und hartnäckig und für jede Arbeit begabt. Er hat sogar Ikonen gemalt, das gefiel mir allerdings nicht. Heute schreibt er, wie man hört, gute Sachen für Zeitschriften.«

Er redete lange, bis gegen Mitternacht, weil er mir offenbar gleich einen festen Platz neben sich geben wollte. Ich fühlte mich zum erstenmal in der Gesellschaft eines Menschen richtig wohl. Nach dem Selbstmordversuch kam ich mir klein und häßlich vor, irgendwie schuldig; ich schämte mich, daß ich lebte. Romas, der das vermutlich verstand, richtete mich auf, indem er mir menschlich und schlicht die Tür zu seinem Leben öffnete. Es war ein unvergeßlicher Tag.

Am Sonntag machten wir den Laden nach der Messe auf, und sogleich versammelten sich Bauern vor dem Eingang. Als erster tauchte Matwej Barinow auf, schmuddelig, zerknittert, mit langen Affenarmen und hübschen, zerstreut blickenden Frauenaugen.

»Was hört man Neues in der Stadt?« fragte er, nachdem er uns begrüßt hatte, und rief, ohne die Antwort abzuwarten, dem näher kommenden Kukuschkin zu: »Stepan! Deine Katzen haben schon wieder einen Hahn gefressen!«

Gleich darauf erzählte er, der Gouverneur sei von Kasan nach Petersburg gefahren, um sich beim Zaren um die Aussiedlung aller Tataren in den Kaukasus oder nach Turkestan zu bemühen. Er lobte den Gouverneur: »Gescheiter Mann, versteht sich auf seine Sache . . .«

»Du hast dir das alles ausgedacht«, bemerkte Romas gelassen. – »Ich? Wann denn?« – »Wann – weiß ich nicht . . .«

»Wie wenig Vertrauen du zu den Menschen hast, Antonytsch«, sagte Barinow vorwurfsvoll und wiegte bedauernd den Kopf. »Mir tun doch nur die Tataren leid. Der Kaukasus erfordert Gewöhnung.«

Vorsichtig trat ein kleiner, dürrer Mann in zerrissenem, offenbar nicht für ihn angefertigtem Rock dazu. Ein krampfhaftes Zucken entstellte das graue Gesicht und verzog die dunklen Lippen zu einem schmerzlichen Lächeln. Das scharfe linke Auge, über dem grau und von Narben zerrissen die Braue bebte, zwinkerte ununterbrochen.

»Meinen Respekt, Migun!« sagte Barinow spöttisch. »Was hast du heute nacht erbeutet?«

»Dein Geld«, entgegnete mit klangvoller Tenorstimme Migun und zog vor Romas die Mütze.

Auch der Besitzer des Hauses, unser Nachbar Pankow, erschien auf der Straße, im Jackett, ein rotes Tüchlein um den Hals, in Gummiüberschuhen, auf der Brust eine silberne Kette, die lang wie eine Pferdeleine war. Er maß Migun mit einem bösen Blick.

»Wenn du noch einmal zu mir in den Gemüsegarten kletterst, alter Satan, dann hau ich dir einen Knüppel gegen die Beine!«

»Ewig das alte Lied«, bemerkte ruhig Migun, seufzte und fügte hinzu: »Wie könnte man auch leben, ohne zu prügeln?«

Pankow schimpfte mit ihm, aber Migun setzte nur hinzu: »Wieso bin ich überhaupt alt? Sechsundvierzig Jahre . . .«

»Und Weihnachten warst du dreiundfünfzig«, rief Barinow aus. »Hast du selber gesagt – dreiundfünfzig! Warum schwindelst du?«

Es stellten sich noch der gesetzte, bärtige alte Suslow* und der Fischer Isot ein; auf diese Weise kamen wohl zehn Mann zusammen. Chochol saß auf dem Treppenabsatz vor der Ladentür, schmauchte seine Pfeife und hörte schweigend den Unterhaltungen der Bauern zu; sie hatten sich auf den Treppenstufen vor dem Haus und auf den Bänken zu beiden Seiten der Treppe niedergelassen.

Es war ein kalter Tag mit rasch wechselndem Licht. Am blauen, noch winterlich frostigen Himmel jagten Wolken dahin. Licht und Schatten badeten sich in Bächen und Pfützen und blendeten das Auge mit hellem Glanz oder umschmeichelten es mit samtiger Weichheit. Geputzte Mädchen stolzierten wie Pfauenhennen die Straße zur Wolga hinunter, hoben, wenn sie die Pfützen überschritten, den Rocksaum und ließen die derben Schuhe sehen. Jungen mit langen Angelruten auf den Schultern rannten vorbei, gesetzte Bauern kamen daher, musterten die Gruppen vor unserem Laden aus den Augenwinkeln und lüfteten schweigend die Filzhüte oder Mützen.

Migun und Kukuschkin mühten sich friedlich, die schwierige Frage zu klären, wer schmerzhafter schlage – der Kaufmann oder der Gutsherr? Kukuschkin suchte zu beweisen – der Kaufmann, während Migun für den Gutsherrn eintrat; sein heller Tenor gewann die Oberhand über Kukuschkins wirre Reden.

»Der Vater des Herrn Fingerow hat noch Napoleon Bonaparte am Bart gezaust. Und Herr Fingerow selber hat gelegentlich zwei Bauern am Kragen des Schafpelzes gepackt, sie erst mal auseinandergerissen und dann mit den Köpfen zusammengestoßen, daß es nur so krachte – fertig! Da lagen sie und rührten sich nicht.«

»Kann man sich denken!« pflichtete Kukuschkin ihm bei, fügte jedoch hinzu: »Dafür aber futtert ein Kaufmann immer noch mehr als ein Gutsherr . . .«

Der wohlgestalte Suslow, der auf der obersten Stufe des Außentreppchens saß, beklagte sich: »Der Bauer wird unstet auf seinem Grund und Boden, Michailo Antonow. Unter den Herr-

* Ich kann mich an die Namen der Bauern nur schlecht erinnern und habe sie vermutlich verwechselt oder entstellt. (M. Gorki)

schaften gab es das nicht – einfach dahinleben, da hatte jeder seinen festen Platz . . .«

»Reich doch eine Bittschrift ein – sie sollen die Leibeigenschaft wieder einführen«, entgegnete ihm Isot. Romas sah ihn schweigend an und klopfte die Pfeife am Treppengeländer aus.

Ich wartete darauf, daß er endlich anfangen würde zu reden. Und während ich aufmerksam der zusammenhanglosen Unterhaltung der Bauern folgte, versuchte ich mir vorzustellen, was er wohl sagen werde. Mir schien, er habe schon eine ganze Reihe passender Gelegenheiten, sich in die Unterhaltung einzumischen, versäumt. Er blieb jedoch regungslos wie ein Götze, schwieg sich unbeteiligt aus und sah zu, wie der Wind die Oberfläche der Pfützen kräuselte, die Wolken vor sich hertrieb und zu einer dunkelgrauen Masse zusammenballte. Auf dem Fluß heulte ein Dampfer, kreischender Mädchengesang drang herauf, den eine Ziehharmonika begleitete. Schluckend und rülpsend kam ein Betrunkener die Straße herunter, fuchtelte mit den Armen und vollführte, wenn er in eine Pfütze geriet, allerlei seltsame Kunststücke mit den Beinen. Die Reden der Bauern wurden immer langsamer. Aus ihren Worten klang Niedergeschlagenheit, und auch mich überkam eine leise Schwermut, weil der kalte Himmel mit Regen drohte und weil ich mich an die Stadt erinnerte – an ihren ununterbrochenen Lärm, die Mannigfaltigkeit ihrer Laute, an das rasche Gewimmel der Menschen in den Straßen, die Schlagfertigkeit ihrer Reden, die vielen Worte, die den Verstand erregen.

Abends beim Tee fragte ich Chochol, wann er denn mit den Bauern sprechen wolle.

»Wovon? Ach so«, sagte er, nachdem er mir aufmerksam zugehört hatte, »na, wissen Sie, wenn ich von diesen Dingen mit ihnen reden würde, dazu noch auf der Straße – man würde mich aufs neue zu den Jakuten schicken . . .«

Er stopfte sich eine Pfeife, steckte sie in Brand, hüllte sich rasch in Rauch und begann ruhig und einprägsam vom Bauern zu erzählen – wie vorsichtig und mißtrauisch er sei. Er fürchtet sich vor sich selbst, vor seinem Nachbarn, besonders vor jedem Fremden. Es sind kaum dreißig Jahre vergangen, seitdem man ihm die Freiheit gab; jeder vierzigjährige Bauer ist noch als Sklave zur Welt gekommen und erinnert sich daran. Was Freiheit sei, ist schwer zu verstehen. Einfach betrachtet, bedeutet Freiheit – leb, wie es dir gefällt. Doch überall sitzt die Obrigkeit, alle hindern den Bauern zu leben, wie es ihm paßt. Der Zar hat die Bauern den Gutsbesitzern fortgenommen und ist also jetzt der alleinige Herr über sie. Und wieder erhebt sich die Frage: Was ist denn nun aber die Freiheit? Es wird plötzlich der Tag kommen, an dem der Zar erklären wird, was sie bedeutet. Der Bauer glaubt fest an den Zaren – den alleinigen Herrn über alles Land und über alle seine Reichtümer. Er hat den Gutsbesitzern die Bauern fortgenommen – er kann den Kaufleuten die Dampfer und Läden fortnehmen. Der Bauer ist ein Anhänger des Zaren, denn er versteht: Viele Herren haben – ist schlecht, einer ist besser. Er wartet auf den Tag, an dem der Zar ihm den Sinn der Freiheit verkünden wird. Dann – greif zu, jeder, soviel er kann! Diesen Tag wünschen alle herbei und fürchten alle, jeder bleibt innerlich auf der Hut, damit er die entscheidende Stunde der allgemeinen Teilung nicht versäumt. Er fürchtet sich auch vor sich selbst; er möchte viel, es ist auch genug da, das man sich nehmen könnte, aber wie macht man das? Alle spitzen sich auf dasselbe. Obendrein sitzt überall eine Unzahl von Amtspersonen herum, die dem Bauern, ja auch dem Zaren feindlich gesinnt sind. Doch ohne Obrigkeit geht es andererseits auch nicht; alle würden aneinandergeraten und sich gegenseitig umbringen.

Der Wind schüttete ärgerlich Güsse von Frühlingsregen gegen die Scheiben. Graue Finsternis senkte sich auf die Straße; auch in meiner Seele wurde es grau und traurig.

Nachdenklich fuhr die ruhige, gedämpfte Stimme fort: »Hämmern Sie dem Bauern ein, er muß allmählich lernen, die Macht aus den Händen des Zaren in die eigenen zu übernehmen, sagen Sie ihm, das Volk muß das Recht erhalten, die Obrigkeit aus seiner Mitte zu wählen – den Polizeihauptmann, den Gouverneur, den Zaren . . .«

»Das würde hundert Jahre dauern!«

»Haben Sie geglaubt, Sie würden bis Pfingsten mit allem fertig sein?« fragte Chochol ernst.

Er ging am Abend aus dem Haus. Um elf Uhr nachts hörte ich auf der Straße einen Schuß; er krachte in der Nähe. Ich stürzte im Regen in die Finsternis hinaus und sah Michail Antonowitsch aufs Haustor zukommen – groß und dunkel, umging er in aller Ruhe sorgsam die Wasserbäche.

»Was haben Sie? Ich war es, ich habe geschossen ...« – »Auf wen?« – »Mir sind da irgendwelche Leute mit Knüppeln in den Weg getreten. Ich sagte zu ihnen: ›Laßt mich in Frieden, sonst schieße ich!‹ Sie wollten nicht auf mich hören. Nun ja, da habe ich eben in den Himmel geschossen – dem macht es weiter nichts aus ...«

Dann stand er im Flur, legte ab, drückte den nassen Bart aus und schnaufte wie ein Pferd.

»Diese verdammten Stiefel! Sie taugen nichts! Ich muß mir was anderes anziehen. Wissen Sie, wie man einen Revolver reinigt? Bitte, er verrostet mir sonst! Schmieren Sie ihn mit Petroleum ab.«

Seine unerschütterliche Ruhe, die stille Hartnäckigkeit, mit der seine grauen Augen blickten, begeisterten mich. In der Stube, als er sich vor dem Spiegel den Bart kämmte, warnte er mich: »Seien Sie vorsichtig, wenn Sie durchs Dorf gehen, besonders abends, an Feiertagen. Man wird wahrscheinlich auch Ihnen an den Kragen wollen. Aber tragen Sie keinen Stock bei sich, das reizt die Schläger und könnte sie auf den Gedanken bringen, Sie fürchten sich. Und zu fürchten braucht man sie nicht – sie sind nämlich selber ziemlich feige ...«

Mein Leben hatte eine angenehme Wendung genommen, jeder Tag brachte Neues und Wichtiges. Ich las nun eifrig naturwissenschaftliche Bücher, und Romas ermunterte mich: »Das muß man vor allem und besser als alles andere kennen, Maximytsch, in dieser Wissenschaft steckt der beste Teil des menschlichen Verstandes.«

Dreimal in der Woche kam abends Isot; ich lehrte ihn lesen und schreiben. Zuerst war er mir gegenüber mißtrauisch und behandelte mich mit leichtem Spott, doch nach einigen Unterrichtsstunden gab er gutmütig zu: »Kannst gut erklären! Du solltest Lehrer werden, Bursche ...«

Und plötzlich schlug er mir vor: »Du scheinst stark zu sein, los, versuchen wir uns im Stockziehen!«

Wir holten aus der Küche einen Stock, setzten uns auf den

Fußboden, stemmten Fuß gegen Fuß und mühten uns lange ab, einander hochzuziehen, während Chochol uns schmunzelnd anspornte: »Nun, nun? Wer wen?«

Isot bezwang mich. Anscheinend stimmte ihn das noch freundlicher.

»Macht nichts, bist immerhin ganz schön bei Kräften!« tröstete er mich. »Schade, daß du nicht gern angelst, sonst könnten wir uns gemeinsam auf der Wolga tummeln. Nachts auf der Wolga – das ist das Himmelreich!«

Er lernte eifrig, auch ziemlich erfolgreich und konnte sich sehr hübsch über seine Erfolge wundern. Da stand er manchmal mitten im Unterricht auf, nahm ein Buch vom Regal, zog die Brauen hoch, las mit Mühe und Not zwei oder drei Zeilen, wurde rot, sah mich an und meinte erstaunt: »Aber ich lese ja, hol's der Teufel!«

Dann wiederholte er mit geschlossenen Augen:

»Wie eine Mutter am Grabe des Sohnes
Stöhnt eine Schnepfe trostlos im Sumpf ...

Was sagst du nun?«

Mehrmals fragte er vorsichtig, mit gedämpfter Stimme: »Erkläre mir doch, Verehrter, wie kommt denn das nun zustande? Da blickt ein Mensch auf diese Striche, sie fügen sich zu Wörtern, und ich erkenne sie – unsere lebendigen Wörter! Wieso erkenne ich sie? Niemand flüstert sie mir zu. Ja, wenn es Bilder wären – schön, könnte man verstehen. Aber hier sieht man doch sozusagen die Gedanken selber gedruckt – wie ist das möglich?«

Was konnte ich ihm erwidern? Mein »Das weiß ich nicht« enttäuschte ihn.

»Hexerei!« sagte er seufzend und hielt die Buchseiten gegen das Licht.

Er war von einer anziehenden und rührenden Naivität und hatte etwas Durchsichtiges und Kindliches an sich. Immer mehr erinnerte er mich an jene liebenswerten Bauern, von denen man in Büchern las. Und wie fast alle Fischer war er ein Poet und liebte die Wolga, die stillen Nächte, ein Leben in Einsamkeit und Beschaulichkeit.

Er blickte zu den Sternen und fragte mich: »Chochol behauptet, auch dort gibt es vielleicht Lebewesen, ähnlich wie wir, ob das wohl stimmt? Man müßte ihnen ein Zeichen geben, sie fragen, wie sie leben. Sicherlich besser, vergnügter als wir . . .«

Im Grunde genommen war er mit seinem Leben jedoch zufrieden. Da er keine Angehörigen hatte und Waise war, fühlte er sich bei seinem stillen, geliebten Geschäft des Fischens von keinem abhängig.

Die Bauern indessen mochte er nicht, er warnte mich vor ihnen: »Laß dich nicht täuschen, wenn sie freundlich tun, sie sind alle falsch und hinterlistig, trau ihnen nicht! Heute sind sie so und morgen anders. Jeder sieht nur sich selbst, die Arbeit für die Allgemeinheit ist Zwangsarbeit für sie.«

Und mit einem Haß, der bei einem so weichherzigen Menschen sonderbar genug erschien, meinte er von den Kulaken: »Warum sind sie reicher als die anderen? Weil sie klüger sind. Bist du aber klug, du Hundsfott, dann vergiß auch nicht: Die Bauern müssen einig, im Rudel leben, erst dann sind sie eine Macht! Aber sie, die Kulaken, zersplittern das Dorf, wie man ein Holzscheit zersplittert, um Spanholz zu erhalten – das ist es ja eben! Die Bauern sind sich selber feind. Ein schlimmes Volk. Du siehst, wie sich Chochol mit ihnen plagt . . .«

Gut gewachsen und stark, erregte er bei den Frauen viel Wohlgefallen und konnte ihnen auch selber nicht widerstehen.

»Gewiß, ich bin in diesen Dingen verwöhnt«, gestand er offenherzig. »Für die Ehemänner ist das ärgerlich, ich würde mich an ihrer Stelle selber darüber ärgern. Andererseits kann man die Weiber nur bemitleiden; das Weib ist so etwas wie deine zweite Seele. Da lebt es ohne Feiertage und ohne Freundlichkeiten dahin, arbeitet wie ein Pferd und hat nichts davon. Die Ehemänner haben für die Liebe keine Zeit, während ich mein eigener Herr bin. Viele werden von ihren Männern gleich im ersten Jahr ihrer Ehe mit den Fäusten traktiert. Nun ja, ich bin nicht ohne Sünde, ich lasse mich gern mit ihnen ein. Und nur um eins bitte ich immer: Seid einander nicht böse, ihr Frauen, was mich betrifft – es reicht für alle! Beneidet einander nicht, ihr seid mir alle gleich lieb, ihr tut mir alle leid . . .«

Er lächelte ein wenig verschämt in seinen Bart hinein und erzählte: »Ich hätte da beinahe mit einer feinen Dame mein Vergnügen gehabt. Sie war aus der Stadt in die Sommerfrische zu uns gekommen. Eine Schönheit, flachsblond und mit milchweißer Haut. Und so liebe blaue Äuglein. Ich verkaufte ihr Fische und sah sie dabei immerfort an. ›Was hast du?‹ fragt sie mich. ›Das wissen Sie doch selber‹, sage ich. ›Also gut‹, entgegnet sie, ›ich komme heut nacht zu dir, warte auf mich!‹ Und wirklich – sie kam! Nur störten sie die Mücken, sie bissen sie halbtot, so daß es – nun ja – einfach nichts bei uns wurde. ›Ich kann nicht‹, sagte sie, ›sie beißen zu sehr‹, und weinte fast dabei. Am Tage darauf kam ihr Mann, irgendein Richter. Ja, so sind sie eben, die feinen Frauen«, schloß er traurig und vorwurfsvoll. »Selbst die Mücken hindern sie . . . am Leben . . .«

Des Lobes voll war Isot über Kukuschkin.

»Schau dir den Kerl mal richtig an – eine brave Seele! Sie mögen ihn alle nicht leiden. Nun, das ist schade! Ein Schwätzer, gewiß, aber schließlich hat jedes Tierchen sein Pläsierchen.«

Kukuschkin besaß kein Land und war mit einer Feldarbeiterin verheiratet; sie trank, war klein, aber äußerst gewandt, böse und stark. Sein Haus hatte er an einen Schmied vermietet, er selbst wohnte im Badehäuschen und stand bei Pankow in Diensten. Er hörte sehr gern Neuigkeiten, und wenn es keine gab, erfand er selber allerlei Geschichten, die aber immer auf dasselbe hinausliefen.

»Michailo Antonow, hast du schon gehört? Der Landpolizist von Tinkowo verläßt sein Amt und geht in ein Kloster – ich will die Bauern nicht malträtieren, hat er gesagt, Schluß jetzt damit!«

Chochol entgegnete ernst: »Auf diese Weise läuft euch die ganze Obrigkeit davon.«

Kukuschkin las Hühnerdaunen, Stroh- und Heuhälmchen aus seinem ungekämmten blonden Haar und überlegte dabei: »Alle werden wohl nicht davonlaufen, wer aber ein Gewissen hat, der wird sich in seinem Amt natürlich nicht wohl fühlen. Ich sehe, du glaubst nicht an das Gewissen, Antonytsch. Dabei kommt man ohne Gewissen nicht aus; auch wenn man noch soviel Verstand hat. Hör dir mal an, was sich da neulich zugetragen hat . . .«

Und er erzählte von einer »äußerst klugen« Gutsbesitzerin: »Sie war ein solches Scheusal, daß selbst der Gouverneur trotz seines hohen Amtes persönlich bei ihr vorsprach. ›Verehrte‹, sagte er, ›Sie sollten für alle Fälle ein bißchen vorsichtiger sein. Das Gerücht von ihrer verbrecherischen Gemeinheit ist bis nach Petersburg gedrungen!‹ Sie bewirtete ihn natürlich mit Likör und sagte: ›Fahrt hin mit Gott, meinen Charakter kann ich nicht ändern!‹ Es vergingen drei Jahre, dazu ein Monat, da ruft sie plötzlich die Bauern zusammen und sagt: ›Hier habt ihr mein ganzes Land, lebt wohl und vergebt; ich für mein Teil . . .«

». . . gehe ins Kloster«, ergänzte Chochol.

Kukuschkin sah ihn aufmerksam an und bestätigte: »Stimmt, als Äbtissin! Dann hast also auch du schon davon gehört?« – »Keine Silbe.« – »Ja, wieso weißt du es denn?« – »Weil ich dich kenne.«

Der Märchenerzähler schüttelte den Kopf und murmelte: »Wie wenig Vertrauen du zu den Menschen hast . . .«

Es ist immer dasselbe: Die Schlechten und Bösen in seinen Erzählungen pflegten des Bösen müde zu werden und »spurlos zu verschwinden«. Meistens jedoch beförderte Kukuschkin sie ins Kloster – wie Kehricht in eine Müllgrube.

Er kam überraschend auf die seltsamsten Gedanken. Er verfinsterte sich plötzlich und erklärte: »Schade, daß wir die Tataren besiegt haben – sie sind besser als wir!«

Dabei hatte niemand von den Tataren gesprochen. Wir unterhielten uns darüber, wie man die Gartenbesitzer in einem Artel zusammenfassen könne.

Romas erzählt von Sibirien, von einem reichen sibirischen Bauern, und plötzlich murmelt Kukuschkin nachdenklich: »Wenn man zwei oder drei Jahre keine Heringe fängt, kann sich der Hering so vermehren, daß das Meer aus seinen Ufern tritt und eine neue Sintflut über die Menschen hereinbricht. Ein bemerkenswert fruchtbarer Fisch!«

Im Dorf hält man Kukuschkin für einen Schaumschläger. Seine Erzählungen und sonderbaren Gedanken reizen die Bauern und ärgern sie, sie schimpfen und spotten über ihn, hören ihm aber immer aufmerksam und mit Interesse zu, als erwarteten sie, unter den vielen Schnurren auch mal der Wahrheit zu begegnen.

»Schwätzer«, so nennen ihn die gesetzten Leute, und nur der

Stutzer Pankow meint ernst: »Stepan hat etwas Rätselhaftes an sich . . .«

Kukuschkin ist sehr geschickt in der Arbeit. Er ist Böttcher und Ofensetzer, versteht sich auf die Imkerei, lehrt die Bäuerinnen Geflügel züchten und kann geschickt zimmern. Alles gelingt ihm, obwohl er saumselig ist und lustlos ans Werk geht. Er liebt Katzen, beherbergt, wenn man die Jungen mitrechnet, wohl zehn satte Tiere in seinem Badehaus, füttert sie mit Krähen und Dohlen und macht sich immer unbeliebter, weil er den Katzen das Vögelfressen angewöhnt – sie würgen Küken und Hühner, die Bäuerinnen machen auf sie Jagd und bringen sie erbarmungslos zur Strecke. Oft hört man vor Kukuschkins Badehaus das wütende Gekreisch der aufgebrachten Frauen; das stört ihn aber nicht.

»Törichtes Weibsvolk! Die Katze ist ein guter Jäger, sie ist gewandter als der Hund. Ich werde Katzen für die Vogeljagd abrichten. Wir werden Hunderte von ihnen aufziehen und sie verkaufen – eine Einnahmequelle für euch, ihr Dummen!«

Früher einmal konnte er lesen und schreiben, doch er hat es wieder vergessen, und sich darauf besinnen will er nicht. Gescheit von Natur, erfaßt er das Wesentliche von dem, was Chochol erzählt, rascher als alle anderen.

»Soso«, sagt er und kneift die Augen zusammen wie ein Kind, das eine bittere Arznei schluckt, »dann hat also Iwan der Schreckliche den kleinen Leuten keinen Schaden zugefügt . . .«

Er, Isot und Pankow kommen abends zu uns, bleiben nicht selten bis Mitternacht sitzen und lauschen Chochols Erzählungen über die Entstehung der Welt, das Leben in fremden Ländern, die revolutionären Zuckungen der Völker. Pankow findet Gefallen an der Französischen Revolution.

»Das ist eine wirkliche Wendung des Lebens«, sagt er beifällig.

Er hat sich vor zwei Jahren vom Vater, einem reichen Bauern mit riesigem Kopf und furchterregenden Glotzaugen, getrennt und »aus Liebe« eine Waise, Isots Nichte, geheiratet, die er zwar streng behandelt, aber städtisch kleidet. Der Vater hat ihn seiner Aufsässigkeit wegen verflucht und speit, wenn er an dem nagelneuen Haus des Sohnes vorüberkommt, erbittert aus. Pankow vermietet das Haus an Romas und hat gegen den Wunsch der Dorfreichen den Laden ausgebaut. Sie hassen ihn dafür, während er sie äußerlich gleichgültig behandelt und geringschätzig von ihnen spricht, ins Gesicht aber grob und spöttisch zu ihnen ist.

Das Leben auf dem Dorf bedrückt ihn. »Hätte ich ein Handwerk gelernt – ich lebte in der Stadt ...«

Gut gewachsen und immer sauber gekleidet, gibt er sich ernst und gediegen und ist sehr empfindlich, dabei von vorsichtiger und mißtrauischer Sinnesart.

»Hast du dich nun aus Herzenstrieb oder Berechnung an diese Sache gemacht?« fragt er Romas.

»Und was glaubst du?« – »Nein – sag du es.« – »Was wäre deiner Ansicht nach denn besser?« – »Ich weiß nicht. Und nach deiner?«

Chochol ist hartnäckig und bringt den Bauern schließlich dazu, sich auszusprechen: »Besser natürlich, wenn's vom Verstande kommt! Der Verstand will einen Nutzen sehen, und wo ein Nutzen ist, da hat das Ganze festen Grund. Das Herz ist kein guter Ratgeber. Wenn's nach dem Herzen ginge – ich würde schlimme Dinge anstellen. Ich würde bestimmt dem Popen das Haus anzünden – steck deine Nase nicht in Dinge, die dich nichts angehen!«

Der Pope, ein böses altes Männlein mit Maulwurfsschnauze, hatte sich in Pankows Streit mit dem Vater eingemischt und ihm allerlei eingebrockt.

Mir gegenüber verhielt sich Pankow zuerst ablehnend und beinah feindselig. Er kehrte sogar den Herrn des Hauses hervor und fuhr mich gelegentlich an, aber das legte sich bald, obwohl er, wie ich fühlte, immer noch ein verstecktes Mißtrauen gegen mich hegte. Andererseits war Pankow auch mir unangenehm.

Sehr gut sind mir die Abende in der sauberen kleinen Stube mit den rohen Balkenwänden in Erinnerung. Die Fensterläden sind geschlossen, in der Ecke brennt auf dem Tisch eine Lampe, davor sitzt ein kurzgeschorener Mann mit kühner Stirn und breitem Bart.

Er sagt: »Der Sinn des Lebens besteht darin, daß sich der Mensch immer weiter vom Tier entfernt ...«

Die Bauern hören aufmerksam zu, alle drei haben freundliche

Augen und kluge Gesichter. Isot sitzt immer regungslos da, als lausche er in die Ferne, auf irgend etwas, das nur er allein hört. Kukuschkin dreht sich hin und her, als stächen ihn die Mücken, während Pankow sein blondes Schnurrbärtchen zupft und leise überlegt: »Dann war es also doch nötig, daß sich das Volk in Stände teilte.«

Ich finde es sehr schön von Pankow, daß er nie grob zu seinem Knecht Kukuschkin wird und den seltsamen Schnurren des Träumers aufmerksam lauscht.

Wenn die Unterhaltung beendet ist, gehe ich in meine Dachkammer hinauf, sitze dort am offenen Fenster und blicke auf das schlafende Dorf und die Felder, über denen unerschütterliches Schweigen herrscht. Das nächtliche Dunkel ist vom Glanz der Sterne durchflimmert. Sie stehen der Erde um so näher, je weiter sie von mir entfernt sind. Die Lautlosigkeit preßt das Herz zusammen, der Gedanke verliert sich im grenzenlosen Raum – ich sehe Tausende von Dörfern vor mir, die sich ebenso stumm an die flache Erde schmiegen wie unser Dorf. Unbeweglichkeit, Stille ringsum.

Die dämmrige Leere, die mich warm umfängt, saugt sich gleich tausend unsichtbaren Blutegeln an meiner Seele fest, ich fühle, wie mich allmählich schläfrige Schwäche befällt, und eine undeutliche Unruhe bewegt mich. Wie winzig und unbedeutend ich auf der Erde bin . . .

Das Leben des Dorfes erscheint mir freudlos. Ich habe immer wieder gelesen und gehört, das Leben auf dem Lande sei gesünder, die Menschen lebten dort herzlicher miteinander als in der Stadt. Aber ich sehe die Bauern ununterbrochen schwerste Arbeit verrichten, sehe viel Kränkelnde, Überanstrengte unter ihnen, sehe fast niemand, der fröhlich ist. Die Handwerker und die Arbeiter in der Stadt, die nicht weniger schuften als sie, leben immerhin fröhlicher und beklagen sich nicht so öde, so aufdringlich über das Leben wie dieser finstere Menschenschlag. Das Leben des Bauern scheint mir nicht einfach; angespannteste Aufmerksamkeit für die Erde, viel hellhörige Schläue in den Beziehungen zu den Menschen werden von ihm verlangt. Auch ist dieses geistig so arme Leben nicht herzlich, nicht brüderlich. Man merkt, daß alle Bewohner des Dorfes wie Blinde umhertasten, sich alle vor etwas fürchten, einander nicht trauen – sie haben etwas Wölfisches an sich.

Ich kann nur schwer verstehen, weshalb sie Chochol, Pankow und alle »Unseren«, die ein vernünftiges Leben ersehnen, durchaus nicht leiden mögen.

Deutlich erkenne ich die Vorzüge der Stadt, ihren Hunger nach Glück, den verwegenen Forscherdrang ihres Geistes, die Mannigfaltigkeit ihrer Ziele und Aufgaben. Und immer wieder fallen mir in solchen Nächten zwei Stadtbewohner ein:

F. KALUGIN UND S. NEBEJ,
Uhrmachermeister,
desgleichen Annahme von Reparaturen diverser Apparate,
chirurgischer Instrumente, von Nähmaschinen, Musikautomaten aller Systeme und anderem mehr.

Dieses Schild ist über der schmalen Tür eines kleinen Ladens angebracht. Zu beiden Seiten der Tür befinden sich staubige Fenster, und an dem einen sitzt F. Kalugin, kahlköpfig, mit einer Beule am gelben Schädel und einer Lupe, die er ins Auge klemmt. Er hat ein rundes Gesicht, ist stämmig und lächelt, während er mit einer dünnen Pinzette in einem Uhrwerk herumstochert, fast ununterbrochen vor sich hin, oder er öffnet den runden, unter der grauen Bürste des Schnurrbarts verborgenen Mund und singt. Am anderen Fenster sieht man S. Nebej, einen dunklen Lockenkopf mit langer, krummer Nase, Augen so groß wie Pflaumen und einem Spitzbart; hager und dürr, erinnert er an den Leibhaftigen. Auch er nimmt irgendwelche feinen Sächelchen auseinander, setzt sie wieder zusammen und brummt gelegentlich unvermittelt mit Baßstimme vor sich hin: »Tra-ta-tam, tam, tam!«

Hinter ihnen türmt sich ein Chaos von Kästen, Mechanismen, irgendwelchen Rädern, von Leierkästen und Globen. Überall auf den Regalen sieht man Metallgegenstände von den verschiedensten Formen, eine Unzahl Uhrenpendel schwingt an den Wänden. Ich könnte den ganzen Tag zusehen, wie die beiden arbeiten, aber mein langer Körper steht ihnen im Licht, sie schneiden mir entsetzliche Grimassen und winken, ich solle gehen. Ich gehe und denke voller Neid: Was für ein Glück, all das zu können!

Ich habe Achtung vor diesen Leuten und bin überzeugt, daß sie die Geheimnisse aller Mechanismen und Instrumente kennen und alles auf der Welt reparieren können. Ja, das sind Menschen!

Das Dorf dagegen gefällt mir nicht. Die Bauern bleiben mir unverständlich. Die Frauen klagen so oft über ihre Krankheiten, »es preßt ihnen etwas das Herz zusammen«, oder »es zieht in den Brüsten«, und immer haben sie »Bauchgrimmen«; darüber unterhalten sie sich am häufigsten und am liebsten, wenn sie feiertags vor ihren Häusern oder am Ufer der Wolga sitzen. Alle sind schrecklich reizbar und rasch dabei, sich maßlos zu beschimpfen. Wegen eines zerschlagenen Tontopfes im Wert von zwölf Kopeken gingen drei Familien mit Knüppeln aufeinander los, brachen einer alten Frau den Arm und schlugen einem Burschen den Schädel ein. Solche Prügeleien kommen fast jede Woche vor.

Die Burschen sind zu den Mädchen unverblümt zynisch und stellen allerlei Unfug mit ihnen an. Sie fangen auf den Feldern einige ein, schlagen ihnen die Röcke hoch und binden die Schöße über dem Kopf mit Bast zusammen. Das nennt man »ein Mädchen zur Blume machen«. Die bis an den Gürtel entblößten Mädchen kreischen und schimpfen, aber das Spiel ist ihnen offenbar keineswegs unangenehm. Man merkt, daß sie die Röcke langsamer aufbinden, als sie könnten. Während des Abendgottesdienstes kneifen die Burschen die Mädchen in die Hinterbakken, und es scheint, als kämen sie eigens zu diesem Zweck in die Kirche.

Sonntags wettert der Pope auf die Gläubigen herunter: »Viecher! Gibt es denn keinen anderen Platz für eure Unzucht?«

»In der Ukraine ist das Volk in religiösen Dingen wohl poetischer«, erzählt Romas. »Hier erkenne ich hinter dem Glauben an Gott nur die groben Instinkte von Furcht und Habgier. Eine aufrichtige Liebe zu Gott, eine solche – wie soll ich sagen? – Verzücktheit vor seiner Kraft und Herrlichkeit haben die Leute hier nicht. Das ist vielleicht gut – sie werden sich leichter von der Religion befreien, die doch ein äußerst schädliches Vorurteil ist, das kann ich euch sagen!«

Die Burschen prahlen gern, sind aber feige. Sie haben schon dreimal versucht, mich zu verprügeln, als sie mir nachts auf der Straße begegneten, es ist ihnen jedoch mißlungen, und nur einmal traf mich ein Stockhieb am Bein. Natürlich erzählte ich Romas von diesen Zusammenstößen nicht, doch er erriet, als er mich lahmen sah, selber, was geschehen war.

»Aha, Sie haben also was abbekommen? Ich hab's Ihnen doch gesagt!«

Obwohl er mir abriet, nachts aus dem Hause zu gehen, stieg ich gelegentlich doch durch die Gärten zur Wolga hinab und saß dort unter den Weiden, den Blick auf die Wiesen hinter dem Fluß, hinter dem lichten Vorhang der Nacht gerichtet. Majestätisch langsam strömte die Wolga dahin, reich vergoldet von den Strahlen der unsichtbaren Sonne, die der leblose Mond zurückwarf. Ich liebe den Mond nicht, er hat für mich etwas Unheilverkündendes an sich und ruft bei mir – wie bei einem Hund – Trostlosigkeit hervor und den Wunsch daraufloszuheulen. Ich war sehr erfreut, als ich erfuhr, daß er nicht aus sich selbst heraus leuchtet, daß er tot ist, daß es kein Leben auf ihm gibt und auch keins geben kann. Bis dahin hatte ich mir vorgestellt, er sei von ehernen, aus lauter Dreiecken zusammengesetzten Lebewesen bewohnt, die sich wie Zirkel bewegen und schreckenerregend dröhnen. Alles auf ihm ist ehern, Pflanzen wie Tiere, alles klirrt, wenn auch gedämpft, in ständiger Feindseligkeit gegen die Erde und führt Böses im Schilde. Es befriedigte mich zu hören, daß der Mond nur ein leerer Flecken am Himmel war, und trotzdem wünschte ich mir, es müßte ein riesiger Meteor mit solcher Wucht auf ihn niederstürzen, daß er, durch den Zusammenstoß entflammt, aus sich heraus über der Erde aufleuchten würde.

Wenn ich sehe, wie die Strömung der Wolga, fern in der Dunkelheit geboren, den Brokatstreifen des Lichts in leise Bewegung versetzt und sich im schwarzen Schatten des Steilufers verliert, fühle ich, daß mein Denken lebhafter, schärfer wird. Mühelos denke ich an etwas, das in Worte nicht faßbar und allem fremd ist, was ich am Tage erlebt habe. Die hoheitsvolle Bewegung der Wassermassen vollzieht sich fast lautlos. Gleich einem Fabelwesen mit feuerfarbenem Gefieder gleitet über die dunkle, breite Fahrrinne ein Dampfer dahin, gefolgt von einem weichen Rauschen, das an das Schlagen schwerer Flügel erinnert. Drüben am Wiesenufer flimmert ein Licht, von dem ein spitzer roter Strahl aufs Wasser fällt. Es ist ein Fischer, der beim Schein einer Kienfackel Fische fängt. Man könnte auch meinen, ein heimatloser Stern sei vom Himmel auf den Fluß gesunken und irre als feurige Blume über die Fluten.

Aus Büchern Herausgelesenes entwickelt sich zu seltsamen Phantasien, die Einbildungskraft wirkt unermüdlich an Bildern von unvergleichlicher Schönheit fort, es ist, als triebe ich in der warmen Nachtluft hinter dem Fluß einher.

Isot entdeckt mich, er scheint in der Nacht noch anziehender, noch größer.

»Du wieder hier?« fragt er mich, läßt sich neben mir nieder und schweigt nachdenklich vor sich hin. Er streichelt die feine Seide des goldblonden Barts und blickt zum Himmel und auf den Fluß.

Dann schwärmt er: »Wenn ich genug gelernt, genug gelesen habe, ziehe ich von einem Fluß zum anderen und werde alles richtig verstehen! Ich werde die Menschen unterrichten! Ja, werde ich! Es ist so schön, mein Freund, aufrichtig mit einem Menschen zu reden! Sogar die Frauen – manche unter ihnen – verstehen dich, wenn du offen zu ihnen bist. Da sitzt doch kürzlich eine bei mir im Boot und fragt: ›Was wird mit uns, wenn wir gestorben sind? Ich glaube weder an die Hölle noch an das Jenseits.‹ Was sagst du dazu? Ach sie, Verehrter, sind . . .«

Er fand nicht das rechte Wort, verstummte und setzte schließlich hinzu: »lebendige Seelen . . .«

Isot war ein Nachtmensch. Er hatte ein feines Gefühl für das Schöne und verstand auch wunderbar, leise wie ein träumendes Kind davon zu sprechen. Er glaubte an Gott, ohne Furcht, wenn auch in kirchlichem Sinn, und stellte ihn sich als großen, wohlgestalten alten Mann, als klugen und guten Herrn der Welt vor, der das Böse nur darum nicht niederzuringen vermag, weil er es »einfach nicht mehr schafft – so sehr hat sich das Menschengeschlecht vermehrt. Macht nichts, er wird es schon schaffen – wirst ja sehen! Dagegen kann ich mit Christus nichts anfangen. Mir scheint er zu nichts nütze. Es gibt einen Gott – also gut, meinetwegen, sehr schön. Aber plötzlich ist noch einer da! Sie sagen: der Sohn. Was heißt – der Sohn? Schließlich ist Gott nicht gestorben . . .«

Meist jedoch sitzt Isot schweigend da, denkt über etwas nach und sagt nur gelegentlich mit einem Seufzer: »Ja, so ist das eben ...« – »Was?« – »Ach, weißt du, das hat weiter nichts zu sagen ...«

Und er seufzt aufs neue und blickt in die trübe Ferne.

»Wie schön das Leben doch ist!«

Ich pflichte ihm bei: »Ja, wunderschön!«

Der samtige Streifen des dunklen Wassers drängt kraftvoll voran, über ihm wölbt sich die silberne Bahn der Milchstraße, große Sterne glitzern wie goldene Lerchen, und leise stimmt das Herz sein unvernünftiges Lied von den Geheimnissen des Lebens an.

Fern hinter den Wiesen bricht aus rötlichen Wolken die Sonne hervor und entfaltet schließlich den Pfauenschweif ihrer Strahlen am Himmel.

»Wie wunderbar doch die Sonne ist!« murmelt mit glücklichem Lächeln Isot.

Die Apfelbäume blühen, das Dorf ist ganz in Rosa gehüllt, ein bitterer Geruch durchdringt alles und vertreibt selbst den Teer- und Düngergeruch. In regelmäßigen Reihen ziehen sich Hunderte von Bäumen im festlichen Atlaskleid ihrer Blüten vom Dorf zu den Feldern hin. In Mondnächten, wenn die Blüten im leichten Wind die Schmetterlingsflügel regen und eben noch hörbar rascheln, scheinen schwere himmelblau-goldene Wellen das Dorf zu überfluten. Mit unermüdlicher Leidenschaft flöten die Nachtigallen, während sich tags übermütig die Stare necken und unsichtbare Lerchen ihr zartes Trillern pausenlos über die Erde ergießen.

Feiertags ergehen sich am Abend Mädchen und junge Frauen auf der Straße, singen, die Münder wie Vogeljunge aufgesperrt, übermütige Lieder und lächeln schmachtend und trunken. Auch Isot lächelt wie berauscht. Er ist abgemagert, die Augen versinken in dunklen Höhlen, sein Gesicht wirkt strenger, schöner, asketischer ... Er verschläft die Tage und taucht besorgt und nachdenklich erst gegen Abend auf der Straße auf.

Kukuschkin macht sich grob, aber wohlwollend über ihn lustig, doch Isot lächelt nur verlegen und sagt: »Schweig schon still, du! Was kann man dagegen machen?«

Und er fährt verzückt fort: »Ach, wie schön doch das Leben ist! Und wie zärtlich man leben kann, was es für Herzensworte gibt! Manches vergißt man bis an sein Ende nicht; wenn man aufersteht, wird es das erste sein, woran man denkt!«

»Nimm dich in acht, die Ehemänner werden dich eines Tages verhauen«, warnt ihn Chochol – auch er mit einem freundlichen Lächeln.

»Und das zu Recht«, pflichtet Isot ihm bei.

Fast jede Nacht ergießt sich zugleich mit dem Gesang der Nachtigallen über die Gärten, die Felder, das Ufer des Flusses die hohe, erregende Stimme Miguns. Er singt erstaunlich gut, singt wunderschöne Lieder, und darum verzeihen ihm selbst die Bauern vieles.

Samstag abends strömen immer mehr Leute vor unserem Laden zusammen, darunter – unvermeidlich – der alte Suslow, Barinow, der Schmied Krotow und Migun. Da sitzt man dann, in nachdenkliche Unterhaltungen vertieft. Die einen gehen, andere kommen – und so beinah bis Mitternacht. Gelegentlich randaliert ein Betrunkener, am häufigsten Kostin, ein abgedankter Soldat, der einäugig ist und dem an der linken Hand zwei Finger fehlen.

Er tritt mit aufgekrempelten Ärmeln, die Fäuste in der Luft, mit dem Gebaren eines Kampfhahnes auf den Laden zu und brüllt, so laut er kann, mit heiserer Stimme: »Chochol, du Feind der Nation, du Muselman von einem Türken! Weshalb gehst du nicht zur Kirche? Antworte mir! Du ketzerische Seele! Du Menschenfänger! Antworte mir – wer bist du eigentlich?«

Man reizt ihn: »Mischka, weshalb hast du dir deine Finger abgeschossen? Hattest wohl Angst vor den Türken?«

Er möchte raufen, aber man packt ihn und stößt ihn lachend und johlend in die Schlucht – er rollt kopfüber den Hang hinab und schreit verzweifelt: »Zu Hilfe! Sie morden mich . . .«

Dann kommt er, völlig von Staub bedeckt, wieder nach oben und bittet Chochol um Geld für ein paar Gläschen Wodka.

»Aber wofür denn?«

»Für den Spaß«, entgegnet Kostin. Die Bauern brechen einmütig in Lachen aus.

An einem Feiertag hatte die Köchin morgens im Herd Feuer gemacht und war auf den Hof hinausgegangen, während ich mich im Laden aufhielt. Da ertönte in der Küche ein heftiger Knall.

Der Laden erbebte, die Blechbüchsen mit den Bonbons fielen von den Regalen, die Fensterscheiben zersprangen und klirrten über den Fußboden hin. Ich stürzte zur Küche, aus deren Tür schwarze Rauchwolken in die Stube drangen. Dahinter zischte und knisterte es. Chochol packte mich an der Schulter.

»Halt, bleiben Sie da . . .«

Im Flur heulte die Köchin.

»Hach, dumme Gans . . .«

Romas verschwand im Rauch, polterte herum, stieß einen kräftigen Fluch aus und rief: »Hör auf! Wasser her!«

Auf dem Küchenfußboden qualmten Holzscheite und flammte Spanholz, daneben lagen Ziegelsteine herum, während die schwarze Ofenhöhlung wie leergefegt war. Ich tastete mich durch den Rauch zum Wassereimer vor, löschte das Feuer auf dem Fußboden und warf die Holzscheite in den Ofen zurück.

»Vorsichtig!« sagte Chochol, nahm die Köchin an der Hand, stieß sie in die Stube und befahl: »Schließ den Laden ab! Vorsichtig, Maximytsch, wer weiß, ob es nicht noch mal explodiert . . .«

Er hockte nieder, untersuchte die runden Tannenscheite und zog auch die wieder aus dem Ofen hervor, die ich hineingeworfen hatte.

»Was machen Sie da?« – »Hier – sehen Sie sich das an!«

Er hielt mir ein seltsam zerfetztes Rundscheit hin, und ich erkannte, daß es mit einem Windenbohrer ausgebohrt und innen sonderbar geschwärzt war.

»Verstehen Sie? Die Teufel haben das Holzscheit mit Schießpulver gefüllt. Dummköpfe! Was kann man mit einem Pfund Schießpulver schon anrichten?«

Er tat das Rundscheit beiseite, wusch sich die Hände und meinte: »Ein Glück noch, daß Anisja hinausgegangen war – sie hätte sonst was abbekommen . . .«

Der säuerliche Rauch verzog sich, und man sah, daß das Geschirr auf den Regalen in Scherben gegangen war, daß sämtliche Fensterscheiben eingedrückt und einzelne Ziegelsteine aus der Ofenhöhlung herausgerissen waren.

Chochols Ruhe gefiel mir in diesem Augenblick nicht. Er benahm sich so, als ob ihn der dumme Streich nicht im geringsten empörte. Dabei rannten draußen schon Jungen umher und schrien mit hellen Stimmen; »Bei Chochol brennt's! Es brennt!«

Klagend heulte ein Weib, und aus der Stube rief aufgeregt Anisja: »Sie brechen die Ladentür auf, Michailo Antonytsch!«

»Na, na, langsam!« entgegnete er und trocknete den nassen Bart mit einem Handtuch ab.

Durch die offenen Stubenfenster blickten von Furcht und Zorn verzerrte zottige Fratzen, der beißende Rauch ließ sie die Augen zusammenkneifen, und irgendwer schrie aufgeregt und kreischend: »Jagt sie davon aus dem Dorf! Immer stimmt etwas nicht bei ihnen! Herrgott, was soll das nur?«

Ein rothaariger kleiner Bauer, der sich bekreuzigte und die Lippen bewegte, versuchte, durchs Fenster einzudringen, und schaffte es nicht. In der rechten Hand hielt er ein Beil, während die Linke krampfhaft nach dem Fensterbrett griff, aber immerfort abrutschte.

Romas, ein Holzscheit in der Hand, erkundigte sich: »Wo willst du hin?« – »Löschen helfen, Verehrter.« – »Aber es brennt doch nirgends.«

Der Bauer sperrte erschrocken den Mund auf und verschwand. Romas trat vor den Ladeneingang, zeigte der versammelten Menge das Rundscheit und sagte: »Jemand von euch hat dieses Scheit mit Schießpulver gefüllt und zwischen unser Brennholz gesteckt. Es war aber zuwenig Schießpulver darin, es ist weiter kein Schaden entstanden ...«

Ich stand hinter Chochol, blickte auf die Menge und hörte, wie der Bauer mit dem Beil verängstigt erzählte: »Da holt er doch mit dem Scheit nach mir aus ...«

Und der Soldat Kostin, schon angetrunken, schrie: »Jagt ihn davon, den Ketzer! Vor Gericht mit ihm!«

Doch die Mehrzahl der Leute schwieg, blickte Romas nur unverwandt an und hörte ihm mißtrauisch zu. Er sagte: »Um ein Haus in die Luft zu sprengen, braucht man viel Pulver, mag wohl ein Pud sein! Aber nun geht schon ...«

Jemand fragte: »Wo ist der Dorfälteste?« – »Man muß den Polizisten holen!«

Langsam, lustlos, als ob sie etwas bedauerten, gingen die Leute auseinander.

Wir setzten uns zum Tee. Aksinja, freundlich und gut wie noch nie, goß ein, blickte teilnahmsvoll zu Romas und meinte: »Sie beklagen sich nicht über sie, da spielen sie Ihnen eben diese Streiche.«

»Ärgert Sie das nicht?« fragte ich.

»Die Zeit würde nicht reichen, wenn man sich über jede Dummheit ärgern wollte.«

Ich dachte: Wenn doch alle so ruhig ihre Arbeit täten!

Er erzählte schon, er werde bald wieder nach Kasan fahren, und fragte, welche Bücher er mitbringen solle.

Manchmal schien mir, bei diesem Menschen sei an Stelle der Seele eine Art Trieb- oder Uhrwerk eingebaut, das gleich fürs ganze Leben aufgezogen ist. Ich liebte Chochol und verehrte ihn sehr, wünschte mir aber, er möge sich, wenn auch nur ein einziges Mal, über mich oder jemand anderen ärgern, schreien und mit den Füßen trampeln. Aber das konnte oder wollte er nicht. Wenn jemand ihn durch Dummheit oder Gemeinheit reizte, kniff er nur spöttisch die grauen Augen zusammen und sagte mit knappen und kalten Worten, immer sehr einfach und mitleidlos, seine Meinung.

So fragte er einmal Suslow: »Weshalb verstellen Sie sich, Sie, als alter Mann?«

Die gelben Wangen und die Stirn des Alten färbten sich langsam dunkelrot, sogar der weiße Bart schien über den Haarwurzeln rosa zu schimmern.

»Sie haben doch keinen Nutzen davon. Sie verscherzen sich nur jede Achtung.«

Suslow senkte den Kopf und gab zu: »Stimmt – ich habe keinen Nutzen davon!«

Später sagte er zu Isot: »Der reine Seelenlenker! Aus Leuten wie ihm sollte man die Obrigkeit auswählen . . .«

Kurz und klar setzt mir Romas auseinander, was ich in seiner Abwesenheit tun und wie ich mich verhalten solle; er scheint den Versuch, ihn durch den Sprengstoffanschlag einzuschüchtern, bereits vergessen zu haben, als wäre es ein Fliegenstich gewesen.

Pankow stellte sich ein, besah den Ofen und fragte düster: »Haben Sie keinen Schreck bekommen!« – »Aber weshalb denn?« – »Das ist doch Krieg!« – »Setz dich, trink Tee mit uns.«

– »Meine Frau wartet.« – »Wo bist du denn gewesen?« – »Fische fangen. Mit Isot.«

Er ging und wiederholte in der Küche nachdenklich: »Richtiger Krieg.«

Er sprach mit Chochol immer nur kurz, als hätten sie sich schon längst über alles Wichtige und Schwierige verständigt. Ich erinnere mich, wie Isot, nachdem Romas die Geschichte der Herrschaft Iwans des Schrecklichen erzählt hatte, sagte: »Ein trauriger Zar!«

»Ein Schlächter«, fügte Kukuschkin hinzu, während Pankow überzeugt erklärte: »Viel Verstand hatte er ja gerade nicht. Nun gut, er hat die Fürsten kleingekriegt, aber dafür den kleinen Adel großgezogen. Und auch noch Fremde, Ausländer hereingeholt. Das heißt noch nicht Verstand haben. Der kleine Gutsherr ist schlimmer als der große. Die Fliege ist kein Wolf, ist mit dem Gewehr nicht zu erlegen, fällt einem aber lästiger als ein Wolf.«

Kukuschkin erschien mit einem Eimer Lehmmörtel, setzte die Ofenziegel wieder ein und sagte: »Haben sich was ausgedacht, die Teufel! Mit ihren Läusen werden sie nicht fertig, aber einen Menschen fertigmachen – bitte sehr! Du solltest nicht zuviel Ware auf einmal mitbringen, Antonytsch, lieber weniger und öfter, sonst stecken sie dir noch das Dach überm Kopf an. Jetzt, wo du diese Sache durchdrücken willst, mußt du mit allem rechnen!«

»Diese Sache« – das Artel der Gartenbesitzer – war den Reichen im Dorf ein Dorn im Auge. Chochol hatte mit Hilfe Pankows, Suslows und weiterer zwei oder drei anderer vernünftiger Bauern fast alles schon ins reine gebracht. Die Mehrzahl der Hofeigentümer behandelte Romas allmählich wohlwollender, die Zahl der Kunden in seinem Laden nahm merklich zu, und selbst die »Taugenichtse« unter den Bauern – Barinow, Migun – bemühten sich, Chochol bei seinem Werk, so gut sie konnten, zu unterstützen.

Migun gefiel mir sehr gut, ich mochte seine schönen, schwermütigen Lieder. Er schloß, wenn er sang, die Augen, und dann verzerrte kein Zucken mehr sein gramvolles Gesicht. Er lebte in dunklen Nächten, wenn es keinen Mondschein gab oder ein dichtes Wolkengewebe den Himmel verhängte.

Gelegentlich, abends, schlägt er mir leise vor: »Komm hinunter zur Wolga.«

Dort ordnet er, rittlings auf dem Heck seines Kahnes sitzend, die krummen dunklen Beine im dunklen Wasser, verbotenes Fischgerät für den Sterletfang und sagt mit gedämpfter Stimme: »Wenn mich ein Herr drangsaliert – nun gut, kann ich ertragen, er ist, hol ihn der Teufel, eine Persönlichkeit, weiß so manches, was ich nicht weiß. Bedrückt mich aber ein Bauer, einer von den Meinen – wie kann ich das hinnehmen? Wo ist denn da der Unterschied? Er rechnet mit Rubeln, ich mit Kopeken, das ist alles!«

Über Miguns Gesicht geht ein krampfhaftes Zucken. Die Brauen flattern, rasch bewegen sich seine Finger – sie gehen die Angelhaken durch, schleifen sie mit der Feile ab. Leise, zu Herzen gehend, klingt seine Stimme fort: »Ich gelte als Dieb, stimmt auch, gebe ich zu! Aber schließlich leben sie alle vom Raub, alle würgen einander, alle saugen einander aus. Ja, der Herrgott hat nichts für uns übrig, doch der Teufel verwöhnt uns!«

Der schwarze Fluß kriecht an uns vorüber, schwarze Wolken ziehen über ihm hin, das Wiesenufer ist in der Dunkelheit nicht zu erkennen. Vorsichtig plätschern die Wellen über den Ufersand, umspülen meine Füße, scheinen mich in die grenzenlose, irgendwohin entgleitende Finsternis hinter sich herzuziehen.

»Schließlich muß man doch leben, nicht wahr?« fragt Migun und seufzt.

Oben, auf dem Berg, heult traurig ein Hund. Wie im Schlaf denke ich mir: Wozu müssen wir auch so wie du leben?

Es ist sehr still, sehr schwarz und unheimlich auf dem Fluß. Und nirgends hat diese warme Dunkelheit ein Ende.

»Sie werden Chochol umbringen. Und dich womöglich auch«, murmelt Migun. Dann stimmt er überraschend und leise ein Lied an:

»Meine Mutter liebt' mich schmerzlich,
Riet mir herzlich:
›Ach, mein Jascha, gute Seele du,
Halt im Leben Ruh . . .‹«

Er schließt die Augen, seine Stimme wird kräftiger und trauriger, seine Finger gleiten langsamer über das Angelgerät.

»Nicht gehört auf sie, die Gute,
Hab ich, ungehorsam, wie ich war . . .«

Mich überkommt ein seltsames Gefühl – als stürze das Land, von der trägen Bewegung der dunklen, flüssigen Masse überspült, in sie ab, während ich von ihm abrutsche und in das Dunkel gleite, in dem die Sonne für immer versunken ist.

Migun, der ebenso plötzlich zu singen aufhört, wie er begonnen hat, zieht schweigend den kleinen Kahn ins Wasser, steigt ein und verschwindet fast lautlos in der schwarzen Finsternis. Ich blicke ihm nach und frage mich: Wozu wohl solche Menschen leben?

Zu meinen Freunden zählt auch Barinow, ein Liederjan, Prahlhans, Faulpelz, Klatschmaul und ruheloser Vagabund.

Er hat in Moskau gelebt, und wenn er davon erzählt, spuckt er aus. »Eine Hölle von Stadt! Ein Gedränge! Vierzehntausend und sechs Kirchen, aber das Volk – lauter Spitzbuben! Und alle haben die Krätze – wie die Pferde, auf mein Wort! Kaufleute, Militär, Kleinbürger – alle durch die Bank gehen umher und kratzen sich. Gewiß, die große Kanone »Zar-Puschka« gibt es tatsächlich, ist schon ein riesiges Ding. Die hat noch Peter der Große eigenhändig gegossen, um auf Rebellen damit zu schießen. Es gab da nämlich ein Frauenzimmer, die war aus dem Adelsstand und zettelte eine Empörung gegen ihn an, und zwar aus Liebe zu ihm. Er hatte genau sieben Jahre mit ihr gelebt, Tag für Tag, sie dann aber mit drei Kindern sitzenlassen. Da bekam sie es mit dem Zorn, und schon gab's Aufruhr! Als er mit dieser Kanone losballerte, waren auf einen Schlag neuntausenddreihundertacht Personen tot, jawohl, Verehrter! Er bekam sogar selber einen Schreck. ›Nein‹, sagte er zum Metropoliten Filaret, ›das Aas sollen sie sicherheitshalber zunieten!‹ Und so geschah es denn auch . . .«

Ich sage ihm, das alles sei Unsinn. Er ärgert sich: »Herrgott im Himmel, was hast du nur für einen schlechten Charakter! Mir hat diese Geschichte in aller Ausführlichkeit ein gebildeter Herr erzählt, während du . . .«

Er war nach Kiew, zu den Heiligen gepilgert und erzählte: »Das ist eine Stadt, ähnlich wie unser Dorf, steht auch auf einem

Berg und auch an einem Fluß, ich habe nur vergessen, an welchem. Gegen die Wolga – eine Pfütze! Eine verworrene Stadt, muß man geradeheraus sagen. Alle Straßen sind krumm und führen bergan. Das Volk besteht aus Ukrainern, jeder ist ein Chochol, doch nicht vom gleichen Blut wie unser Michailo Antonow, sondern halb polnisch, halb tatarisch. Sie reden nicht, sie radebrechen. Ein ungewaschenes, schmutziges Volk. Und Frösche essen sie – die wiegen bei ihnen an die zehn Pfund. Sie fahren, ja sie pflügen sogar mit Ochsen. Die Ochsen bei ihnen sind bemerkenswert, der kleinste viermal so groß wie einer bei uns. Dreiundachtzig Pud schwer. Und siebenundfünfzigtausend Mönche gibt es dort – allein zweihundertdreiundsiebzig Bischöfe . . . Komischer Kauz! Wie kannst du das bestreiten? Ich habe alles mit eigenen Augen gesehen. Warst du denn dort? Nein! Na also! Ich, Verehrter, schätze Genauigkeit über alles . . .«

Er liebte Zahlen, hatte bei mir addieren und multiplizieren gelernt, konnte jedoch das Dividieren nicht leiden. Mit Begeisterung multiplizierte er vielstellige Zahlen, wobei er gelegentlich tapfer danebenhieb, schrieb eine lange Zahlenreihe mit dem Stock in den Sand, starrte sie verblüfft aus Kinderaugen an und rief: »Das kann man ja nicht einmal aussprechen!«

Er war nicht gerade gut gewachsen, er war von ungefügem Wuchs, zerzaust und abgerissen, doch sein Gesicht, von einem lustigen, krausen Bärtchen umrahmt, wirkte beinahe hübsch; die blauen Augen lächelten kindlich. Er und Kukuschkin hatten etwas Gemeinsames und schienen sich gerade darum aus dem Weg zu gehen.

Barinow war zweimal zum Fischfang am Kaspischen Meer gewesen und faselte: »Das Meer, mein Lieber, ist mit nichts zu vergleichen. Dagegen bist du eine Mücke. Da blickst du aufs Meer hinaus, und – weg bist du! Auch das Leben ist dort angenehm. Allerlei Volk strömt zusammen, sogar ein Archimandrit war darunter – er arbeitete halt auch. Eine Köchin habe ich dort getroffen, war die Geliebte eines Staatsanwalts, man sollte meinen – Herz, was begehrst du mehr? Und doch hielt sie es nicht aus: ›Bist mir ja lieb und teuer, Staatsanwalt, aber dennoch – leb wohl!‹ Wenn jemand nämlich das Meer auch nur einmal gesehen hat, zieht es ihn immer wieder dorthin. Da ist Freiheit, Weite ... Nicht das geringste Gedränge – wie am Himmel! Auch ich will für immer dorthin. Ich kann die Menschen eben nicht leiden, das ist es! Ich müßte als Einsiedler in einer Wüste leben, aber leider kenne ich keine vernünftigen ...«

Er trieb sich wie ein herrenloser Hund im Dorf umher. Man verachtete ihn, hörte seinen Erzählungen jedoch mit demselben Vergnügen zu wie Miguns Liedern.

»Aufs Schwindeln versteht er sich! Der kann sich hören lassen!«

Gelegentlich verwirrten seine Phantastereien selbst so vernünftige, nüchterne Menschen wie Pankow. Eines Tages sagte dieser mißtrauische Bauer zu Chochol: »Barinow behauptet, über Iwan den Schrecklichen steht nicht alles in den Büchern, vieles wird verheimlicht. Er soll gelegentlich seine Gestalt gewechselt und sich in einen Adler verwandelt haben. Eben seit dieser Zeit prägt man, ihm zu Ehren, Münzen mit einem Adler darauf.«

Ich bemerkte – zum wievielten Male? –, daß alles Ungewöhnliche, Phantastische, offensichtlich auch manchmal das schlecht Erfundene den Leuten bedeutend besser gefiel als ernste Erzählungen über das wahre Leben.

Sprach ich darüber zu Chochol, dann lächelte er nur spöttisch und meinte: »Das wird sich geben! Wenn sie erst denken gelernt haben, finden sie die Wahrheit schon heraus. Man muß auch solche Sonderlinge wie Barinow oder Kukuschkin verstehen. Das sind, wissen Sie, Künstler, Phantasten. Ein solcher Sonderling war sicherlich auch Christus. Und geben Sie zu – manches hat er gar nicht mal schlecht erfunden ...«

Es wunderte mich, daß alle diese Menschen nur wenig und ungern über Gott sprachen – nur der alte Suslow bemerkte häufig und überzeugt: »Alles kommt von Gott!«

Und immer hörte ich aus diesen Worten eine Art Hoffnungslosigkeit heraus. Ich lebte sehr angenehm mit diesen Menschen und habe bei unseren nächtlichen Unterhaltungen viel von ihnen gelernt. Mir schien, daß jede Frage, die Romas aufwarf, gleich einem mächtigen Baum Wurzeln ins Fleisch des Lebens senkte und diese Wurzeln sich in seinem Inneren mit denen eines anderen, ebenfalls starken, uralten Baumes verflochten – überraschende Gedanken erblühten, das üppige Blattwerk klangvoller Worte entfaltete sich an ihren Zweigen. Mit dem erregenden Met der Bücher vollgesogen, fühlte ich mich immer mehr wachsen und redete immer sicherer, überzeugter. Schon wiederholt hatte Chochol mich lächelnd gelobt: »Das machen Sie gut, Maximytsch!«

Wie dankbar war ich ihm für diese Worte!

Pankow brachte gelegentlich seine Frau mit. Sie war klein von Wuchs und städtisch gekleidet, hatte ein sanftes Gesicht und gescheit blickende blaue Augen. Still, mit bescheiden aufeinandergepreßten Lippen, nahm sie in einer Ecke Platz. Doch nach einiger Zeit öffnete sich ihr Mund und weiteten sich erschrocken die Augen. Manchmal, wenn ein gepfeffertes Witzwort fiel, lachte sie auch verlegen und deckte die Hände vor das Gesicht, während Pankow Romas zublinzelte und sagte: »Sie versteht's doch!«

Zu Chochol kamen dann und wann vorsichtige Männer. Er ging mit ihnen in meine Dachkammer hinauf und blieb dort stundenlang mit ihnen sitzen.

Aksinja brachte ihnen zu essen und zu trinken, und sie schliefen auch dort, unsichtbar für alle außer für mich und die Köchin, die Romas hündisch ergeben war, ihn beinah anbetete. Nachts schafften Isot und Pankow die Besucher zu einem vorüberkommenden Dampfer oder zur Anlegestelle in Lobyschki. Ich beobachtete vom Berg, wie auf dem schwarzen oder vom Mond versilberten Fluß die Nußschale des Bootes flimmerte, wie man eine Laterne über ihm schwenkte, um die Aufmerksamkeit des Schiffskapitäns auf sich zu ziehen, und hatte das Gefühl, an einem großen, geheimnisvollen Werk teilzunehmen.

Gelegentlich kam aus der Stadt Marija Derenkowa herüber, aber das, was mich früher an ihrem Blick verwirrt hatte, fand ich nicht mehr in ihm – sie schien jetzt die Augen eines jungen Mädchens zu haben, das im Bewußtsein ihres Liebreizes glücklich ist und sich freut, weil ihr ein großer, bärtiger Mann den Hof macht. Romas sprach ebenso ruhig und etwas spöttisch mit ihr wie mit allen anderen, nur strich er sich öfter den Bart, und seine Augen leuchteten wärmer. Ihr dünnes Stimmchen klang fröhlich, sie trug ein himmelblaues Kleid, dazu ein himmelblaues Band im blonden Haar. Ihre Kinderhände waren sonderbar unruhig – als wüßten sie nicht, wonach sie greifen sollten. Sie summte fast ununterbrochen mit geschlossenem Mund vor sich hin und fächelte sich das rosige, in Seligkeit schwimmende Gesicht mit einem Tüchlein. Sie hatte etwas an sich, das mich auf neue Art erregte, mich feindselig und böse gegen sie stimmte. Ich war bemüht, ihr möglichst selten zu begegnen.

Mitte Juli verschwand Isot. Es verbreitete sich das Gerücht, er sei ertrunken, und zwei Tage später schien sich das zu bestätigen – sein Boot wurde sieben Werst unterhalb des Dorfs mit durchgebrochenem Boden und eingedrückter Bordwand ans Wiesenufer gespült. Man erklärte sich das Unglück damit, daß Isot auf dem Fluß vermutlich eingeschlafen und sein Boot gegen einen der drei Frachtkähne getrieben worden war, die etwa fünf Werst stromab vom Dorf vor Anker lagen.

Romas war, als sich das ereignete, in Kasan. Abends kam Kukuschkin zu mir in den Laden, setzte sich verzagt auf irgendwelche Säcke, steckte sich, den Blick zu Boden gerichtet, eine Zigarette an und fragte: »Wann kommt Chochol zurück?«

»Das weiß ich nicht.«

Er rieb sich tüchtig das zerschlagene Gesicht, schimpfte unanständig, aber gedämpft vor sich hin und röchelte wie jemand, dem ein Knochen im Halse steckt.

»Was hast du?«

Er sah mich an und biß sich die Lippen. Seine Augen waren gerötet, der Unterkiefer zitterte. Ich sah, daß er nicht sprechen konnte, und wartete erregt auf etwas Trauriges. Schließlich brachte er, den Blick zur Straße gerichtet, stotternd, mit Mühe hervor: »Migun und ich sind hingerudert. Wir haben uns Isots Boot angeschaut. Der Boden ist eingeschlagen, mit dem Beil – verstehst du? Sie haben Isotuschka umgebracht! Kein Zweifel . . .«

Er schüttelte den Kopf, stieß unter trockenen, heißen Schluchzern zotige Wörter hervor, verstummte schließlich und bekreuzigte sich. Es war unerträglich, mit anzusehen, wie dieser Bauer weinen wollte und nicht konnte, einfach nicht dazu fähig war, wie er am ganzen Körper zitterte, vor Wut und Trauer erstickte. Er sprang auf und ging kopfschüttelnd davon.

Am Abend des folgenden Tages entdeckten Jungen beim Baden Isot etwas oberhalb des Dorfs, unter einem gestrandeten, halb zertrümmerten Lastkahn. Die eine Hälfte des Wracks lag auf den Ufersteinen, die andere im Wasser, und unter dieser schwamm am Heck, im zerbrochenen Ruderblatt verfangen, der lange Körper Isots – mit dem Gesicht nach unten, mit eingeschlagenem, leerem Schädel. Das Wasser hatte das Gehirn herausgewaschen. Der Fischer war von hinten angefallen, der Hinterkopf mit einem Beil glatt abgesäbelt worden. Die Strömung bewegte seinen Körper, drehte ihn mit den Füßen zum Ufer, die Arme ruderten hin und her; es schien, er spannte alle Kräfte an, um sich an Land zu retten.

Finster, in Nachdenken versunken, standen wohl zwanzig Großbauern am Ufer – die ärmeren waren noch draußen auf den Feldern. Der durchtriebene, feige Dorfälteste gab sich geschäftig, fuchtelte mit einem Stöckchen, schnob durch die Nase und fuhr mit dem rosa Hemdsärmel über sie hin. Breitbeinig, mit vorgewölbtem Bauch, stand der stämmige Ladenbesitzer Kusmin neben ihm und blickte abwechselnd mich und Kukuschkin an. Seine Brauen waren drohend zusammengezogen, doch seine farblosen Augen tränten, und sein pockennarbiges Gesicht erschien mir kläglich.

»Eine Ruchlosigkeit!« jammerte der Dorfälteste und trippelte auf seinen krummen Beinen umher. »Hach, Bauern, das ist nicht schön!«

Seine Schwiegertochter, eine füllige junge Frau, saß auf einem Stein, starrte stumpfsinnig ins Wasser und schlug mit zitternder Hand das Kreuz; ihre Lippen bewegten sich, die Unterlippe – dick und rot – hing unangenehm, wie bei einem Hund, herab und entblößte die gelben Schafszähne. Vom Berg herunter wälzten sich bunte Knäuel von Mädchen und Kindern, staubige Bauern eilten herbei.

Vorsichtig und gedämpft summte es in der Menge: »War ja auch händelsüchtig.« – »Wieso denn das?« – »Händelsüchtig ist der da, der Kukuschkin ...« – »Haben einen Menschen für nichts und gar nichts umgebracht ...« – »Isot war immer friedlich ...«

»Friiiedlich?« heulte Kukuschkin los und stürzte auf die

Bauern zu. »Warum habt ihr ihn dann erschlagen? Pack! Warum?«

Eine Bäuerin brach plötzlich in hysterisches Lachen aus, ihr Lachen traf die Menge wie ein Peitschenhieb, die Bauern schrien, gingen aufeinander los, schimpften und knurrten, während Kukuschkin auf den Ladenbesitzer zusprang und ihm mit Wucht auf die rauhe Wange klatschte: »Da, du Viech!«

Er sprang, die Fäuste schüttelnd, gleich wieder aus dem Gedränge heraus und rief mir fast fröhlich zu: »Fort von hier, es gibt eine Keilerei!«

Er selbst hatte schon etwas abbekommen. Seine Lippe war aufgeschlagen, und er spie Blut, strahlte jedoch vor Vergnügen: »Hast du gesehen, wie ich Kusmin eine geklebt habe?«

Barinow kam auf uns zugeeilt und blickte sich ängstlich nach der Menge am Lastkahn um. Sie hatte sich zu einem dichten Haufen zusammengedrängt, aus dem man die dünne Stimme des Dorfältesten heraushörte: »Nein, weise mir nach, wen ich begünstige! Weise es nach!«

»Ich mache, daß ich hier fort komme«, brummte Barinow und ging den Berg hinauf. Der Abend war stickig, drückende Schwüle behinderte einen am Atmen. Die purpurne Sonne versank hinter dichten bläulichen Wolken, ihr roter Widerschein flammte im Laub der Büsche; in der Ferne grollte der Donner.

Vor mir bewegte sich Isots Körper, und seine Haare schienen in der Strömung auf dem zertrümmerten Schädel zu Berge zu stehen.

Ich dachte an seine etwas dumpfe Stimme, an seine guten Worte zurück: »Jeder Mensch hat etwas Kindliches an sich – eben darauf, auf dieses Kindliche, muß man sich stützen! Nimm zum Beispiel Chochol – er scheint aus Eisen und hat die Seele eines Kindes!«

Kukuschkin, der neben mir ging, sagte böse: »So werden sie uns alle . . . Herrgott, wie dumm sie sind!«

Chochol kehrte zwei Tage darauf spät in der Nacht zurück, aus irgendeinem Grund offenbar sehr zufrieden und ungewöhnlich freundlich.

Als ich ihn einließ, klopfte er mir auf die Schulter.

»Sie schlafen zuwenig, Maximytsch!« – »Man hat Isot erschlagen.« – »Waaas?«

Die Muskeln auf seinen Backenknochen schwollen an, der Bart begann zu zittern, als riesele er auf die Brust herab. Ohne die Mütze abzunehmen, blieb er mitten im Zimmer stehen, kniff die Augen zusammen und schüttelte den Kopf.

»So also ist das. Und man weiß nicht – wer? Natürlich, wie sollte man ...«

Er ging langsam zum Fenster, setzte sich und streckte die Beine aus.

»Ich hab ihn doch gewarnt ... War die Obrigkeit schon da?«

»Ja, gestern. Der Polizeihauptmann.«

»Nun und?« fragte er und beantwortete seine Frage selbst: »Natürlich – nichts!«

Ich erzählte ihm, der Polizeihauptmann sei wie immer bei Kusmin abgestiegen und habe Kukuschkin für die Ohrfeige, die er dem Ladenbesitzer verabfolgt hatte, einsperren lassen.

»Soso. Nun ja, was soll man dazu sagen?«

Ich ging in die Küche, um den Samowar anzuheizen.

Beim Tee sagte Romas: »Schade um dieses Volk – es bringt seine Besten um! Man könnte meinen, es fürchte sie. Sie ›passen nicht zu uns‹, wie man hier sagt. Als man mich damals mit einem Arrestantentransport nach Sibirien brachte, erzählte mir ein Zuchthäusler, er habe von Räubereien und Diebstählen gelebt und eine ganze Bande gehabt – fünf Mann. Einer von ihnen nun habe angefangen zu reden: ›Lassen wir das Stehlen, ihr Guten, es hat ja doch keinen Sinn, wir leben schlecht genug!‹ Und dafür erwürgten sie ihn im Schlaf, als er betrunken war. Der Mann, der mir das erzählte, rühmte den Umgebrachten sehr: ›Ich habe danach noch drei Mann erledigt und bedaure es nicht, der Kumpel tut mir bis heute leid, er war ein guter Kamerad, gescheit und fröhlich, eine reine Seele.‹ – ›Weshalb habt ihr ihn dann umgebracht‹, fragte ich, ›habt ihr befürchtet, er würde euch verraten?‹ Er war geradezu gekränkt. ›Nein‹, sagte er, ›verraten hätte er uns um keinen Preis, für nichts in der Welt! Wir konnten es einfach nicht mehr mit ihm aushalten; wir alle waren Sünder, und er eine Art Gerechter. Das taugte nichts.‹«

Chochol erhob sich und ging auf und ab, die Hände auf dem

Rücken, die Pfeife zwischen den Zähnen, ganz weiß, in einem langen, bis an die Fersen reichenden Tatarenhemd. Kräftig mit seinen nackten Sohlen auftretend, fuhr er leise und nachdenklich fort: »Ich bin dieser Furcht vor dem Gerechten, der Verbannung eines guten Menschen aus dem Leben schon oft begegnet. Solchen Menschen gegenüber kann man sich auf zwei Arten verhalten: Entweder man vernichtet sie, nachdem man sie vorher gründlich abgehetzt hat, oder man blickt ihnen wie ein Hund in die Augen und kriecht vor ihnen auf dem Bauch herum. Das ist schon seltener. Aber von ihnen lernen, wie man leben sollte, ihnen nacheifern – das können die Menschen nicht, darauf verstehen sie sich nicht. Ob sie es am Ende gar nicht wollen?«

Er griff nach dem Glas mit dem kalt gewordenen Tee und sagte: »Schon möglich, daß sie es gar nicht wollen! Bedenken Sie, die Leute haben sich mühsam eine Art Leben aufgebaut, sie haben sich daran gewöhnt, und dann kommt einer und meutert: ›Ihr lebt nicht, wie ihr solltet!‹ – ›Nicht, wie wir sollten? Aber wir haben doch unsere besten Kräfte für dieses Leben verwandt, hol dich der Teufel!‹ Und schon geht's los – gib's ihm, dem Lehrmeister, dem Gerechten! Stör uns nicht! Dennoch ist die lebendige Wahrheit bei denen, die sagen: ›Ihr lebt nicht, wie ihr solltet!‹ Ja, sie ist bei ihnen. Nur sie treiben das Leben voran, zum Besseren.«

Seine Hand zeigte kurz zum Bücherregal, und er setzte hinzu: »Besonders diese da! Ach, wenn ich ein Buch schreiben könnte! Doch dazu tauge ich nicht – meine Gedanken sind schwerfällig und ungefüge.«

Er setzte sich an den Tisch, stützte die Arme auf, preßte den Kopf zwischen die Hände und sagte: »So ein Jammer – das mit Isot ...«

Und dann, nach langem Schweigen: »Ja, dann gehen wir wohl schlafen ...«

Ich ging in meine Dachkammer und setzte mich ans Fenster. Über den Feldern flammte bald da, bald dort ein Wetterleuchten auf und erfaßte die Hälfte des Himmels; der Mond schien erschrocken zusammenzuzucken, wenn sich das durchsichtige, rötliche Licht über den Himmel ergoß. Wütend bellten und heulten die Hunde, und wäre nicht dieses Heulen gewesen, man hätte meinen können, auf einer unbewohnten Insel zu leben. In der Ferne grollte der Donner, ein schwerer Schwall stickiger Wärme strömte durchs Fenster ein.

Ich sah Isots Körper unter den Weidensträuchern am Ufer liegen. Das blaue Gesicht war zum Himmel gewandt, während die glasigen Augen ernst nach innen blickten. Im goldblonden Bart, der zu spitzen Strähnen zusammengeklebt war, verbarg sich der erstaunt geöffnete Mund.

»Die Hauptsache, Maximytsch, ist Herzensgüte, Freundlichkeit! Ich liebe Ostern, weil es das freundlichste aller Feste ist!«

An seinen blauen, von der Wolga sauber gewaschenen Beinen klebten die blauen, in der glühenden Sonne eingetrockneten Hosen. Fliegen umsummten sein Gesicht, ein Übelkeit erregender, betäubender Geruch stieg von ihm auf.

Schwere Schritte im Treppenflur; Romas öffnete die Tür, trat ein und setzte sich, den Bart in der Hand, auf mein Bett.

»Ja, was ich sagen wollte – ich heirate!« – »Eine Frau wird es hier nicht leicht haben . . .«

Er sah mich aufmerksam an, als wartete er darauf, daß ich noch etwas sagen werde. Ich wußte jedoch nichts mehr hinzuzufügen und schwieg. Der Widerschein des Wetterleuchtens drang ins Zimmer und erfüllte es mit einem gespenstischen Licht.

»Ich heirate Mascha Derenkowa . . .«

Ich mußte unwillkürlich lächeln. Mir wäre bis zu diesem Augenblick nicht in den Sinn gekommen, daß jemand dieses Mädchen Mascha nennen könne. Komisch! Ich kann mich nicht erinnern, daß der Vater oder die Brüder sie so gerufen hätten.

»Warum lachen Sie?« – »So . . .« – »Finden Sie, ich bin zu alt für sie?« – »Aber nein!« – »Sie hat mir gesagt, Sie seien in sie verliebt gewesen.« – »Das könnte stimmen.« – »Und jetzt? Ist es vorüber?« – »Ich glaube – ja.«

Er ließ den Bart aus den Fingern und sagte mit leiser Stimme: »In Ihrem Alter will einem das oft genug nur scheinen, in meinem ist das anders. Da wird man eben gepackt und kann an nichts anderes mehr denken, hat einfach keine Kraft dazu!«

Ein spöttisches Lächeln entblößte seine kräftigen Zähne, und er fuhr fort: »Antonius hat die Seeschlacht von Aktium gegen Kaiser Oktavian verloren, weil er sowohl die Flotte als auch das

Kommandieren vergaß und sein Schiff hinter Kleopatra hersegeln ließ, als sie erschrak und sich aus dem Gefecht zurückzog – da sehen Sie, was es alles gibt!«

Romas erhob sich, richtete sich auf und wiederholte wie jemand, der gegen seinen Willen handelt: »Ja, also – ich heirate!« – »Und wann?« – »Im Herbst. Sobald wir mit den Äpfeln fertig sind.«

Er ging, in der Tür duckte er sich tiefer als nötig, ich aber legte mich schlafen und sagte mir noch, es würde wohl das beste sein, wenn ich im Herbst von hier fortginge. Wozu hatte er das von Antonius erwähnt? Mir gefiel es nicht.

Schon war die Zeit der frühen Apfelsorten gekommen. Es gab eine reiche Ernte, die Zweige der Apfelbäume neigten sich unter der Last der Früchte bis an die Erde. Ein scharfer Geruch erfüllte die Gärten, in denen Kinder lärmten und wurmstichige oder vom Wind heruntergewehte gelbe und rosa Äpfel sammelten.

In den ersten Augusttagen kehrte Romas mit einem Frachtboot voller Waren und einem zweiten, das mit großen Körben beladen war, aus Kasan zurück. Es war ein Werktag, so gegen acht Uhr morgens. Er hatte sich eben umgekleidet und gewaschen, wollte sich niedersetzen, um Tee zu trinken, und meinte vergnügt: »So eine nächtliche Flußfahrt tut aber gut . . .«

Plötzlich schnüffelte er besorgt und fragte: »Riecht es nicht brandig?«

Im gleichen Augenblick hallte Aksinjas Schrei über den Hof: »Es brennt!«

Wir stürzten auf den Hof hinaus. Es brannte der Schuppen, und zwar die Wand nach dem Gemüsegarten zu. Im Schuppen lagerten Petroleum, Teer und Öl. Einige Sekunden sahen wir fassungslos zu, wie die gelben, im Sonnenlicht fast farblosen Flammenzungen geschäftig an der Wand emporleckten und nach dem Dach griffen.

Aksinja schleppte einen Eimer Wasser herbei, Chochol kippte ihn gegen die lodernde Wand, warf ihn hin und sagte: »Zum Teufel damit! Rollen Sie die Fässer heraus, Maximytsch! Aksinja – in den Laden!«

Ich rollte rasch ein Teerfaß auf den Hof, dann auf die Straße hinaus und wollte noch ein zweites mit Petroleum holen, als ich es aber umdrehte, merkte ich, das Spundloch war offen, und das Petroleum ergoß sich über die Erde. Während ich nach dem Spund suchte, waren auch die Flammen nicht müßig. Ihre spitzen Zungen drangen durch die Bretterwände in den Schuppen, das Dach knisterte, man hörte ein spöttisches Summen. Als ich das halbleere Faß hinausrollte, sah ich, daß auf der Straße von überall her heulend und kreischend Frauen und Kinder herbeiliefen. Chochol und Aksinja räumten den Laden aus und ließen die Waren in die Schlucht hinabrollen, während in der Straßenmitte eine schwarz gekleidete, grauhaarige Alte stand, drohend die Fäuste schüttelte und mit gellender Stimme rief: »Haaah, ihr Teufel!«

Als ich aufs neue in den Schuppen stürzte, war er von dichtem Rauch erfüllt, dahinter summte und knatterte es, vom Dach herunter schlängelten sich rote Bänder, während die Wand sich bereits in ein glühendes Gitter verwandelt hatte. Der Rauch drohte mich zu ersticken und nahm mir die Sicht, ich hatte kaum noch die Kraft, mein Faß bis an den Schuppeneingang zu rollen, dort blieb es stecken und wollte nicht weiter, vom Dach prasselten Funken auf mich nieder und verbrannten mir die Haut. Ich rief um Hilfe. Chochol eilte herbei, packte mich am Arm und stieß mich auf den Hof hinaus.

»Laufen Sie! Hier fliegt gleich alles in die Luft!«

Er stürzte in den Hausflur, ich hinter ihm her und zum Dachboden hinauf. Ich hatte dort einen Haufen Bücher. Ich warf sie aus dem Fenster und wollte ihnen eine Kiste mit Mützen nachschicken, aber das Fenster war zu schmal. Da ergriff ich ein Halbpudgewicht und versuchte, den Rahmen herauszuschlagen – doch plötzlich gab es einen dumpfen Knall, irgend etwas spritzte über das Dach, und ich begriff – ein Petroleumfaß war explodiert. Das Dach über mir flammte auf und begann zu knistern, ein gelbroter Feuerstrom rann, gelegentlich hereinlugend, am Fenster vorbei. Mir wurde unerträglich heiß. Ich stürzte zur Treppe. Dichte Rauchwolken wälzten sich mir entgegen, feuerrote Schlangen krochen die Stufen hinauf, unten im Flur knirschte es, als nagten eiserne Zähne an einem Stück Holz. Ich verlor den Kopf. Blind vom Rauch, beinah am Ersticken, stand ich endlose Sekunden still. Durch die Dachluke über der Treppe sah eine rothaarige, gelbe Fratze herein, die sich krampfhaft verzog und wieder verschwand. Gleich darauf wurde das Dach von blutigen Flammenspeeren durchdrungen.

Ich glaubte mich zu erinnern, wie das Haar auf meinem Kopf knisterte – andere Laute hörte ich nicht mehr. Ich begriff, daß ich verloren war. Meine Beine wurden schwer, und meine Augen schmerzten, obwohl ich sie mit den Händen bedeckte.

Der weise Lebenserhaltungstrieb zeigte mir den einzigen Ausweg: Ich raffte meinen Strohsack, das Kissen, ein Bündel Bast zusammen, zog Romas' Schafpelz über den Kopf und sprang aus dem Fenster.

Ich kam am Rande der Schlucht wieder zu mir; neben mir hockte Romas und rief: »Was ist denn?«

Ich erhob mich und sah fassungslos zu, wie unser Haus gleich Spanholz zusammensank. Böse purpurne Hundezungen leckten über die schwarze Erde hin. Aus den Fenstern brach schwarzer Rauch, auf dem Dach wuchsen und wiegten sich gelbe Blumen.

»Nun, was ist?« rief Chochol. Über sein schweißbedecktes, mit Ruß verschmiertes Gesicht rannen schmutzige Tränen, erschrocken zwinkerten die Augen, im nassen Bart hatte sich Baststroh verfangen. Eine erfrischende Welle der Freude ging über mich hin – ein mächtiges, überwältigendes Gefühl! Dann packte mich ein heftiger Schmerz im linken Bein, ich legte mich nieder und sagte zu Chochol: »Ich habe mir den Fuß verstaucht.«

Er befühlte den Fuß. Plötzlich riß er daran. Ein scharfer Schmerz traf mich gleich einem Peitschenhieb, und schon nach wenigen Minuten trug ich lahmend, aber trunken vor Freude unser gerettetes Gut zum Badehaus hinunter, während Romas, die Pfeife zwischen den Zähnen, vergnügt erzählte: »Als das Faß explodierte und das Petroleum sich über das Dach ergoß, war ich fest überzeugt, Sie würden verbrennen. Eine hohe Feuersäule stieg auf, dann wuchs am Himmel ein Pilz aus ihr hervor, und das Haus ging augenblicklich in Flammen auf. Nun, dachte ich mir, Maximytsch ist verloren!«

Er war bereits ruhig wie immer, legte die Sachen sorgsam auf einen Haufen und sagte zur verschmutzten, zerzausten Aksinja: »Bleiben Sie hier sitzen und passen Sie auf, daß nichts gestohlen wird, ich gehe löschen helfen . . .«

Im Rauch wirbelten über der Schlucht weiße Papierfetzen.

»Hach«, sagte Romas, »schade um die Bücher! Sie waren mir ans Herz gewachsen ...«

Es brannten schon vier Häuser. Der Tag war still, das Feuer griff nur langsam nach rechts und links über und krallte sich scheinbar lustlos an Zäune und Dächer. Ein glühender Rechen kämmte das Stroh der Dächer, krumme Feuerfinger glitten über die Flechtzäune hin, spielten auf ihrem Geflecht wie auf Saiten. In der rauchigen Luft schwang der schadenfroh plärrende, heiße Gesang der Flammen und das leise, fast zarte Knistern von verbrennendem Holz. Goldene Feuerbrände fielen aus den Schwaden auf die Straße, auf die Höfe. Männer und Frauen hasteten, jeder nur um das Seine besorgt, kopflos umher, unaufhörlich hallte der heulende Schrei: »Waaasser!«

Wasser gab es weit weg, am Fuße des Berges, in der Wolga. Romas drängte die Bauern rasch zu einem Haufen zusammen, zog sie an den Schultern, stieß sie vorwärts, teilte sie in zwei Gruppen ein und befahl ihnen, Flechtzäune und Wirtschaftsgebäude zu beiden Seiten der Brandstätte niederzureißen. Man gehorchte ihm widerspruchslos, und der Kampf gegen das selbstsichere Streben des Feuers, die ganze »Zeile« der Häuser, die ganze Straße zu verschlingen, nahm vernünftigere Formen an. Dennoch wurde ängstlich, ohne viel Zuversicht gearbeitet, als ginge einen das alles nichts an.

Ich war freudig gestimmt und fühlte mich stark wie noch nie. Am Ende der Straße bemerkte ich ein Häufchen von Reichen mit dem Dorfältesten und Kusmin an der Spitze. Sie standen, ohne das mindeste zu tun, als Zuschauer herum, schrien und fuchtelten mit den Armen oder mit Stöcken. Von den Feldern kamen auf ihren Pferden die Bauern galoppiert. Die Ellenbogen schnellten bis an die Ohren, das Jammern der Frauen schlug ihnen entgegen. Jungen rannten umher.

Die Wirtschaftsgebäude eines weiteren Hofes fingen Feuer, man mußte so rasch wie möglich die Wand des Viehstalls niederreißen; sie war aus dicken Ästen geflochten und schon mit roten Flammenbändern geschmückt. Die Bauern versuchten, die Pfähle der Flechtwand umzuhauen, Funken und Kohlen prasselten auf sie herab, sie sprangen beiseite und drückten die glimmenden Stellen an ihren Hemden aus.

»Nicht so ängstlich!« rief Chochol.

Es half nicht. Da riß er irgendwem die Mütze herunter und stülpte sie über meinen Kopf.

»Hauen Sie am anderen Ende zu, ich bleibe hier!«

Ich hieb ein oder zwei Pfähle ab – die Wand geriet ins Wanken, ich kletterte an ihr hinauf und klammerte mich oben fest, während Chochol mich an den Beinen nach unten zog. Der ganze Abschnitt der Flechtwand stürzte um und begrub mich beinah bis an den Kopf unter sich. Die Bauern schleiften die Flechtwand mit vereinten Kräften auf die Straße hinaus.

»Haben Sie sich verbrannt?« fragte Romas.

Seine Besorgnis steigerte meine Kraft und Gewandtheit. Ich wollte mich vor dem mir teuren Menschen auszeichnen und arbeitete, nur um sein Lob zu verdienen, wie ein Besessener. Immer noch flatterten in der Rauchwolke über uns gleich Tauben Blätter aus unseren Büchern.

Rechts hatte man der Ausbreitung des Feuers Einhalt zu bieten versucht, während es sich nach links immer noch ausdehnte und schon den zehnten Hof ergriff. Romas ließ einen Teil der Bauern zurück, damit sie die Tücken der roten Schlangen überwachten, und warf die Mehrzahl der Leute nach links.

Als ich an den Dorfreichen vorbeieilte, hörte ich, wie jemand boshaft ausrief: »Brandstiftung!«

Und der Ladenbesitzer fügte hinzu: »Man sollte bei ihm im Badehaus nachsehen!«

Diese Worte hafteten auf unangenehme Weise in meinem Gedächtnis.

Bekanntlich steigert Erregung, besonders freudige, die Kräfte. Ich war erregt, arbeitete selbstvergessen und brach schließlich erschöpft zusammen. Ich erinnere mich, ich saß auf der Erde und lehnte mit dem Rücken an etwas Heißem.

Romas hatte einen Eimer in der Hand und übergoß mich mit Wasser, während die Bauern um uns herumstanden und anerkennend murmelten: »Der Gelbschnabel hat aber Kräfte!«

»Der läßt einen nicht im Stich . . .«

Ich drückte die Stirn an Romas' Beine und brach in schmähliches Weinen aus. Er streichelte mir den nassen Kopf und sagte: »Ruhen Sie sich aus! Sie haben genug getan!«

Kukuschkin und Barinow, beide verräuchert wie die Teufel, brachten mich in die Schlucht und trösteten mich: »Macht nichts, Freundchen! Alles vorbei.«

»Hattest du dich erschreckt?«

Ich war noch nicht ganz wieder zu mir gekommen, als ich ein Dutzend »Dorfreiche« zu unserem Badehaus in die Schlucht heruntersteigen sah, vorneweg den Dorfältesten und gleich dahinter Romas, von zwei Polizeiaufsehern an den Armen geführt. Er hatte keine Mütze auf, der eine Ärmel des nassen Hemdes war aufgerissen, zwischen den zusammengebissenen Zähnen steckte die Pfeife, das Gesicht war finster und furchterregend.

Der Soldat Kostin fuchtelte mit einem Stock und schrie wie besessen: »Ins Feuer mit der Ketzerseele!«

»Schließ das Badehaus auf.«

»Erbrecht das Schloß – den Schlüssel habe ich verloren«, sagte Romas laut.

Ich sprang auf, nahm einen Knüppel von der Erde und stellte mich neben Romas. Die Aufseher wichen zurück, und der Dorfälteste sagte erschrocken mit winselnder Stimme: »Rechtgläubige, Schlösser aufbrechen ist nicht zulässig!«

Kusmin zeigte auf mich und rief: »Der auch noch . . . Wer bist du überhaupt?«

»Ruhig bleiben, Maximytsch«, sagte Romas. »Sie glauben, ich habe die Waren im Badehaus versteckt und selber den Laden angezündet.« – »Ihr beiden!« – »Aufbrechen!« – »Rechtgläubige . . .« – »Wir übernehmen die Verantwortung!« – »Wir stehen dafür gerade . . .«

Romas flüsterte mir zu: »Stellen Sie sich Rücken an Rücken zu mir! Damit sie uns nicht von hinten anfallen . . .«

Das Schloß des Badehauses wurde aufgebrochen, mehrere Männer drängten zugleich durch die Tür und kamen beinahe im selben Augenblick wieder zurück. Ich hatte indessen meinen Knüppel Romas in die Hand gedrückt und einen anderen von der Erde aufgehoben.

»Es ist nichts da . . .« – »Nichts?« – »Ha, die Teufel!«

Jemand sagte zaghaft: »Ihr seid im Unrecht, Bauern . . .«

Und krakeelend, als wären sie betrunken, fragten einige zugleich: »Was heißt – im Unrecht?« – »Ins Feuer mit ihnen!« – »Aufrührer . . .« – »Rufen Artels ins Leben!« – »Diebe! Alle miteinander Diebe!«

»Still jetzt!« rief Romas laut. »Ihr habt gesehen, daß in meinem Badehaus keine Waren versteckt sind – was wollt ihr mehr? Alles ist verbrannt, übriggeblieben ist nur das da – seht ihr's? Was hätte es für mich für einen Sinn gehabt, mein eigen Hab und Gut anzustecken?«

»Es war versichert!«

Und wieder brüllte es wütend aus einem Dutzend Kehlen: »Worauf warten wir noch?«

»Schluß jetzt! Wir haben genug Geduld bewiesen.«

Meine Beine zitterten. Ich sah die wilden Fratzen, die zottigen Höhlen der Münder wie durch einen rötlichen Nebel und hielt mich nur mit Mühe zurück. Am liebsten hätte ich auf diese Leute eingeschlagen.

Sie sprangen um uns herum und grölten: »Ahaaa, sie haben sich Knüppel gegriffen!«

»Mit Knüppeln also, ja?«

»Sie reißen mir den Bart aus«, sagte Chochol. Ich fühlte, daß er spöttisch lächelte. »Auch Sie kommen nicht ungeschoren davon, Maximytsch! Hach! Aber ruhig, immer ruhig . . .«

»Da, seht her, der Jüngere hat eine Axt!«

In meinem Gürtel steckte tatsächlich eine Zimmermannsaxt. Ich hatte sie ganz vergessen.

»Sie scheinen Angst zu haben«, überlegte Romas. »Greifen Sie immerhin nicht zur Axt, falls irgend etwas geschehen sollte . . .«

Ein unbekannter, hinkender kleiner Bauer tänzelte komisch umher und kreischte außer sich: »Mit Ziegelsteinen auf sie – von weitem! Gib ihnen!«

Er griff tatsächlich nach einem Ziegelbrocken, holte aus und traf mich in den Bauch. Aber noch ehe ich mich dafür rächen konnte, stürzte Kukuschkin wie ein Habicht auf ihn herab, und beide rollten wie ein Knäuel in die Schlucht hinunter. Nach Kukuschkin kamen Pankow, Barinow, der Schmied und ein knappes Dutzend anderer Männer gelaufen, und sogleich schlug Kusmin einen gesetzten Ton an: »Du, Michailo Antonow, bist ein gescheiter Mann, du weißt doch – ein Schadenfeuer bringt den Bauern um den Verstand ...«

»Kommen Sie, Maximytsch, gehn wir zum Ufer, in die Schenke«, sagte Romas, nahm die Pfeife aus dem Mund und steckte sie mit einer heftigen Bewegung in die Hosentasche. Er kletterte müde, auf den Knüppel gestützt, aus der Schlucht, und als Kusmin, der neben ihm ging, etwas sagte, entgegnete er, ohne ihn anzusehen: »Mach, daß du fortkommst, Dummkopf!«

An der Stelle, wo unser Haus gestanden hatte, glomm golden ein Haufen Kohlen, in seiner Mitte ragte der Ofen, aus dem erhalten gebliebenen Schornstein quoll bläulicher Rauch in die heiße Luft. Zu Rotglut erhitzt, starrten die Stäbe eines Bettgestells wie Spinnenbeine empor. Die angekohlten Torpfosten standen gleich schwarzen Wächtern an der Brandstätte, der eine mit einer Mütze von roten Kohlen und Flämmchen, die an Hahnenfedern erinnerten, geschmückt.

»Die Bücher sind verbrannt«, sagte Chochol und seufzte. »Das ist ärgerlich!«

Jungen trieben große brennende Scheite, als wären es Ferkel, mit Stöcken vor sich her und stießen sie in den Straßenschlamm. Sie zischten, erloschen, erfüllten die Luft mit einem beißenden, weißlichen Rauch. Ein junger Mann von annähernd fünf Jahren saß, semmelblond und blauäugig, in einer warmen schwarzen Pfütze, schlug mit einem Stock auf einen zerbeulten Eimer ein und lauschte hingerissen dem blechernen Klang. Finster gingen die Abgebrannten hin und her und legten ihren unversehrten Hausrat auf einen Haufen. Frauen weinten und schimpften, zankten sich um ein angekohltes Stück Holz. In den Gärten hinter der Brandstätte standen regungslos die Bäume, bei vielen war das Laub von der Hitze gebräunt, der üppige Segen der roten Äpfel trat deutlicher hervor.

Wir stiegen zum Fluß hinunter, badeten und tranken in der Gastwirtschaft am Ufer schweigend unseren Tee.

»Die Schlacht um die Äpfel haben die Kulaken aber verloren«, sagte Romas.

Pankow kam dazu, nachdenklicher und weicher gestimmt als sonst.

»Was nun, Verehrter« fragte Chochol.

Pankow zog die Schultern hoch.

»Mein Haus war versichert.«

Sie schwiegen ein Weilchen, schwiegen sonderbar – als wären sie Fremde – und tasteten einander mit den Blicken ab.

»Was willst du jetzt anfangen, Michail Antonytsch?« – »Ich werde nachdenken.« – »Du mußt von hier fort.« – »Wird man sehen.«

»Ich habe einen Plan«, sagte Pankow, »komm, wir gehen an die Luft, wir wollen darüber sprechen.« Sie gingen. An der Tür wandte sich Pankow nach mir um und sagte: »Du bist nicht zaghaft. Du kannst hier leben, dich werden sie fürchten.«

Auch ich ging hinaus ans Ufer, legte mich unter einen Strauch und blickte auf den Fluß.

Es war heiß, obwohl sich die Sonne schon dem Westen zuneigte. Wie ein breiter Streifen Papier rollte alles, was ich in diesem Dorf erlebt hatte, vor mir ab – als wäre es mit Farben auf das Band des Flusses gemalt. Mir war traurig zumute. Doch bald überwältigte mich die Müdigkeit, und ich schlief ein.

»He«, hörte ich dann im Schlaf jemand zu mir sagen und fühlte, daß man mich schüttelte und irgendwohin fortzog. »Bist du tot, oder was ist? Komm zu dir!«

Hinter dem Fluß leuchtete über den Wiesen, groß wie ein Wagenrad, der feuerrote Mond. Barinow beugte sich über mich und versuchte mich wachzurütteln.

»Komm schon, Chochol sucht dich, er ist um dich besorgt!«

Er ging hinter mir her und schalt: »Du darfst doch nicht einfach schlafen, wo es dir grade beliebt! Da kann einer den Berg entlanggehen und fehltreten – ein Stein rollt auf dich herab. Er kann ja auch absichtlich fehltreten. Bei uns versteht man keinen Spaß. Das Volk, mein Bester, behält das Böse im Gedächtnis. Woran sollte es sich auch sonst erinnern?«

Im Ufergebüsch machte sich leise jemand zu schaffen – die Zweige bewegten sich.

»Hast du ihn?« fragte mit klangvoller Stimme Migun.

»Ja, hab ich«, gab Barinow zurück.

Und zehn Schritte weiter sagte er mit einem Seufzer: »Er will Fische stehlen. Hat auch kein leichtes Leben – der Migun.«

Romas empfing mich mit einem ärgerlichen Vorwurf: »Wo

gehen Sie denn noch spazieren? Sie wollen wohl Prügel beziehen?«

Als wir allein waren, sagte er finster und mit leiser Stimme: »Pankow schlägt Ihnen vor, bei ihm zu bleiben. Er will einen Laden eröffnen. Ich möchte Ihnen abraten. Dagegen biete ich Ihnen folgendes an: Ich habe ihm alles, was mir geblieben ist, verkauft, gehe nach Wjatka und lasse Sie einige Zeit später nachkommen. Einverstanden?«

»Ich will mir's überlegen.« – »Tun Sie es.«

Er streckte sich auf dem Fußboden aus, drehte sich eine Weile hin und her und verstummte. Ich saß am Fenster und blickte auf die Wolga. Der Widerschein des Mondes erinnerte mich an das Schadenfeuer. Am Wiesenufer klatschte ein Schleppdampfer schwerfällig mit den Schaufelrädern, drei Topplaternen glitten durchs Dunkel hin, berührten da und dort einen Stern und verdeckten ihn manchmal ganz.

»Ärgern Sie sich über die Bauern?« fragte Romas schläfrig. »Das sollten Sie nicht tun. Die Bauern sind nur dumm. Bosheit ist Dummheit.«

Seine Worte trösteten mich nicht, sie konnten meine Erbitterung und tiefe Gekränktheit nicht lindern. Ich sah die zottigen tierischen Mäuler vor mir und hörte sie böse kreischen: »Mit Ziegelsteinen – von weitem!«

Damals konnte ich noch nicht vergessen, was ich nicht brauchte. Ja, ich sah, daß in jedem einzelnen dieser Menschen keineswegs viel, häufig sogar überhaupt keine Bosheit steckte. Es waren im Grunde genommen gutmütige Tiere. Man konnte jeden unschwer dazu bringen, kindlich zu lächeln, jeder hörte mit kindlichem Vertrauen einer Erzählung zu, in der von der Suche nach Glück und Vernunft, von den Heldentaten des Edelmuts die Rede war. Der seltsamen Seele dieser Menschen war alles teuer, was sie von der Möglichkeit eines leichten Lebens nach dem Gesetz des eigenen Willens träumen ließ.

Wenn sie sich aber in grauem Haufen in der Gemeindeversammlung oder in der Schenke am Ufer drängten, fiel alles Gute plötzlich von ihnen ab. Sie hüllten sich wie die Popen in ein Gewand aus Lüge und Heuchelei, hündische Kriecherei vor den Starken kam zum Vorschein, sie waren dann widerlich anzusehen. Oder sie wurden überraschend von wölfischer Wut gepackt und heulten sich mit gesträubtem Fell und gefletschten Zähnen an, bereit, übereinander herzufallen; und sie fielen auch – einer Kleinigkeit wegen – übereinander her. In solchen Augenblicken waren sie furchterregend und konnten eine Kirche zerstören, in die sie am Abend zuvor geströmt waren, sanft und ergeben wie Schafe in ihren Stall. Es gab unter ihnen Dichter und Märchenerzähler. Sie lebten, von niemand geliebt, ohne Hilfe, von allen verachtet, dem Dorf zum Gespött dahin.

Ich verstand es nicht, konnte einfach nicht unter diesen Menschen leben. Und ich setzte alle meine bitteren Gedanken Romas auseinander. Es war am Tage unserer Trennung.

»Ein voreiliger Schluß«, bemerkte er vorwurfsvoll.

»Aber was soll ich denn machen, wenn ich zu diesem Schluß gekommen bin?« – »Ihr Schluß ist falsch! Er ist unbegründet.«

Er bemühte sich lange, mit vielen guten Worten, mich davon zu überzeugen, daß ich nicht recht hätte, daß ich mich irrte.

»Verurteilen Sie niemals so vorschnell! Verurteilen ist am einfachsten, lassen Sie sich nicht dazu hinreißen. Sehen Sie alles mit Ruhe an und vergessen Sie nicht: Alles geht vorüber, alles verändert sich zum Guten. Zu langsam? Dafür aber gründlich, dauerhaft! Blicken Sie sich überall um, tasten Sie alles ab, bleiben Sie furchtlos, aber verurteilen Sie nicht vorschnell! Auf Wiedersehen, alter Freund!«

Dieses Wiedersehen kam fünfzehn Jahre später in Sedlez zustande, nachdem Romas im Zusammenhang mit dem Prozeß gegen die »Narodoprawzy« weitere zehn Jahre Verbannung im Gebiet Jakutien verbüßt hatte.

Damals, als er aus Krasnowidowo verschwand, befiel mich eine bleierne Schwermut. Ich irrte wie ein junger Hund, der seinen Herrn verloren hat, durchs Dorf. Barinow und ich zogen in der Gegend umher, arbeiteten bei reichen Bauern, droschen, gruben Kartoffeln und säuberten Gärten. Ich wohnte bei ihm im Badehaus.

»Lexej Maximytsch, du Heerführer ohne Heer, was ist denn nun mit uns beiden?« fragte er mich in einer regnerischen Nacht. »Wollen wir nicht morgen zum Meer fahren? Bei Gott! Was sollen wir hier? Unsereins, solche wie du und ich, sind hier nicht gerade beliebt. Womöglich machen sie uns eines Tages im Suff den Garaus ...«

Barinow kam nicht zum erstenmal darauf zu sprechen. Auch er war aus irgendeinem Grunde von Trübsal befallen, ließ hilflos die Affenarme hängen und blickte zaghaft umher – wie jemand, der sich im Wald verirrt hat.

Regen peitschte gegen das Fenster, die eine Ecke des Badehauses wurde von einem Wasserbach unterspült, der rauschend zum Grunde der Schlucht hinabstrebte. Kraftlos flammten die Blitze eines letzten Gewitters.

Barinow fragte mit leiser Stimme: »Fahren wir nun, ja? Gleich morgen?«

Und wir fuhren.

Es ist unsagbar schön, in einer Herbstnacht auf der Wolga dahinzugleiten. Man sitzt auf dem Heck eines Frachtkahns neben dem Steuer, das ein zottiges Ungetüm mit riesigem Kopf führt – es stapft mit schwerfälligen Schritten über das Deck und keucht mit tiefer Stimme: »Ho-ruck! ... Ho-ruck ...«

Hinter dem Heck strömt leise plätschernd das seidige Wasser, uferlos und zähflüssig wie Teer. Schwarze Herbstwolken bauschen sich über dem Fluß. Alles ringsum ist langsam dahingleitende Dunkelheit: sie löscht die Ufer aus, und es scheint, daß sich die ganze Erde in ihr auflöst, sich in Rauch oder Flüssigkeit verwandelt und unaufhaltsam, ohne Ende mit ihrer ganzen Masse irgendwohin in die Tiefe strebt, in eine wüste, stumme Unendlichkeit, in der es weder Sonne noch Mond oder Sterne gibt.

Vorn, in der feuchten Dunkelheit, keucht und müht sich aus Leibeskräften der unsichtbare Schleppdampfer ab, als widersetze er sich einer geschmeidigen Kraft, die ihn irgendwohin mit sich fortzieht. Drei Lichter begleiten ihn – zwei dicht über dem Wasser und eins hoch über ihnen; näher zu mir schwimmend vier weitere wie goldene Karauschen unter den Wolken dahin; eines davon ist die Laterne am Mast unseres Frachtkahns.

Ich habe das Gefühl, in einer kalten, öligen Blase eingeschlossen zu sein, die langsam eine geneigte Ebene hinabgleitet, während ich wie eine Mücke in ihr festklebe. Mir scheint, daß sich die Bewegung immer mehr verlangsamt und der Augenblick naht, da sie völlig ersterben wird – der Dampfer wird aufhören zu rumoren und mit den Schaufelrädern aufs zähe Wasser zu schlagen, alle Leute werden davonfliegen wie Blätter von einem Baum, sich verflüchtigen wie eine Inschrift in Kreide; und übermächtig wird mich die Regungslosigkeit, die Stille umfangen.

Auch der große Mann in seinem zerlumpten Schafpelz, mit der zottigen Lammfellmütze auf dem Kopf, der am Ruder hin und her geht, wird, für alle Zeiten verzaubert, regungslos stillstehen und nicht mehr dröhnen: »Ho-ruck! Ho-ruck . . .«

Ich fragte ihn: »Wie heißt du?«

»Wozu mußt du das wissen?« entgegnete er dumpf.

Als wir bei Sonnenuntergang von Kasan ablegten, bemerkte ich, daß das Gesicht dieses Mannes, der schwerfällig war wie ein Bär, vor lauter Haaren keine Augen hatte. Bevor er sich ans Ruder stellte, goß er eine Flasche Wodka in eine hölzerne Kelle, trank ihn, als wäre es Wasser, nur einmal absetzend, aus und aß darauf einen Apfel. Als der Schlepper dann anzog, packte er den Ruderhebel, blickte zur roten Sonnenscheibe, schüttelte den Kopf und sagte ernst: »Herr, gib mir deinen Segen!«

Der Schleppdampfer zieht aus Nishnij, von der Messe, vier Frachtkähne nach Astrachan hinter sich her. Sie sind mit Eisenwaren, Fässern mit Zucker und schweren Kisten beladen – alles das ist für Persien bestimmt.

Barinow tritt einigemal gegen die Kisten, schnuppert, denkt nach und sagt: »Kein Zweifel – Gewehre, aus der Ishewsker Fabrik . . .«

Der Steuermann stukt ihm die Faust in den Bauch und fragt: »Was geht dich das an?« – »Ich dachte . . .« – »Soll ich dir eins in die Schnauze hauen?«

Wir haben kein Geld, um mit dem Personendampfer zu reisen, sind »aus Gnade und Barmherzigkeit« auf dem Frachtkahn mitgenommen worden und werden, obwohl wir »Wache schieben« wie die Matrosen, von allen als Bettler angesehen.

»Da sagst du immer – das Volk«, meint Barinow vorwurfsvoll. »Alles ganz einfach – wer oben sitzt, der reitet . . .«

Die Dunkelheit ist so tief, daß man die Frachtkähne nicht sieht. Man erkennt nur die Mastspitzen – sie heben sich im Licht der Topplaternen von den rauchigen Wolken ab. Die Wolken riechen nach Erdöl.

Das finstere Schweigen des Steuermanns ärgert mich. Ich bin vom Bootsmann als »Rudergänger« zur Unterstützung dieses Bären bestimmt.

Er beobachtet die Bewegung der Lichter an den Flußbiegungen und ruft mir leise zu: »He, pack an!«

Ich springe auf und drehe den Ruderhebel.

»Schon gut«, brummt er.

Ich setze mich wieder aufs Deck. Mit diesem Mann ins Gespräch zu kommen gelingt mir nicht. Er antwortet stets mit der Gegenfrage: »Was geht dich das an?«

Worüber denkt er nach? Als wir die Stelle passieren, an der sich die gelben Wasser der Kama in den stahlgrauen Streifen der Wolga ergießen, blickt er kurz nach Norden und knurrt: »Pack!«

»Wer?«

Er gibt keine Antwort.

Irgendwo in der Ferne, in den Abgründen der Finsternis, heulen und bellen Hunde. Das erinnert an irgendwelche Reste des Lebens, die von der Dunkelheit noch nicht erstickt sind, und erscheint unerreichbar weit und überflüssig.

»Sind böse Hunde hier«, sagt überraschend der Mann am Steuer.

»Wo – hier?« – »Überall. Bei uns ist ein Hund eine richtige Bestie . . .« – »Wo bist du her?« – »Aus dem Gouvernement Wologda.«

Und wie Kartoffeln aus einem aufgeplatzten Sack rollen grau und schwer die Worte auf mich nieder: »Ist das dein Onkel, den du da bei dir hast? Meiner Ansicht nach ein Dummkopf. Ich habe einen klugen Onkel. Ein Teufelskerl. Und reich. Er hat in Simbirsk eine Anlegebrücke. Und unterhält einen Ausschank. Am Ufer.«

Nachdem der Mann all das langsam und offenbar mit Mühe hervorgebracht hatte, heftete er die unsichtbaren Augen auf die Topplaterne des Dampfers und beobachtete, wie ihr Licht in den Netzen der Dunkelheit gleich einer goldenen Spinne dahinkroch.

»Los, pack an . . . Kannst du lesen und schreiben? Weißt du, wer die Gesetze macht?«

Er fuhr, ohne die Antwort abzuwarten, fort: »Die Leute reden verschieden; die einen sagen – der Zar, die anderen – der Metropolit Senat. Wenn ich genau wüßte, wer, würde ich zu ihm hingehen. Ich würde ihm sagen: Mach die Gesetze so, daß ich nicht einmal ausholen kann, geschweige denn zuschlagen! Ein Gesetz muß eisern sein. Wie ein Schlüssel. Schließt mir mein Herz zu, und fertig! Dann bin ich für mich verantwortlich! So nicht! Nein, so nicht!«

Er murmelte immer leiser und zusammenhangloser vor sich hin. Seine Faust trommelte auf den hölzernen Ruderhebel.

Vom Dampfer rief man durch einen Schalltrichter zu uns herüber, und die dumpfe menschliche Stimme erschien ebenso überflüssig wie das Bellen und Heulen der Hunde, das von der tiefen Nacht bereits verschlungen war. Neben den Bordwänden des Dampfers trieben gelbe Ölflecken von Lichtreflexen auf dem schwarzen Wasser dahin und zergingen, außerstande, etwas zu erhellen. Über uns aber schien Schlamm zu fließen, so dicht und zäh waren die dunklen, quellenden Wolken. Immer tiefer glitten wir in den lautlosen Schoß der Finsternis.

Der Mann beklagte sich düster: »Wie weit hat man mich schon gebracht! Das Herz ist wie tot ...«

Gleichgültigkeit ergriff mich, Gleichgültigkeit und kalte Trübsal. Ich wurde schläfrig.

Vorsichtig, mit Mühe die Wolken durchdringend, schlich sich das Morgengrauen herbei, kraftlos, fahl, ohne Sonne. Es färbte das Wasser bleiern und ließ die Ufer erkennen – die gelben Büsche auf ihnen, die rostroten, gleichsam eisernen Fichtenstämme, die dunklen Tatzen der Zweige, die Kette der Häuser eines Dorfs, die wie in Stein gehauene Gestalt eines Bauern. Eine Möwe pfiff mit gekrümmten Flügeln über den Frachtkahn hin.

Der Steuermann und ich wurden abgelöst. Ich verkroch mich unter einer Plane und schlief ein, wurde aber schon bald darauf – so jedenfalls schien mir – durch Schreie und stampfende Schritte geweckt.

Ich steckte den Kopf unter der Plane hervor und sah, wie drei Matrosen den Steuermann gegen die Wand des »Kontorhäuschens« drängten und durcheinanderschrien: »Laß sein, Petrucha!« – »Gott steh dir bei – wird alles gut abgehen!« – »Genug jetzt – hör auf!«

Seine Arme waren gekreuzt, die Finger in den Schultern verkrampft. Er stand ruhig da, drückte mit dem Fuß irgendein Bündel ans Deck, sah alle drei der Reihe nach an und redete ihnen mit heiserer Stimme zu: »So laßt mich doch der Sünde entgehen!«

Er war barfuß, ohne Mütze, nur in Hemd und Hose. Auf seinem Kopf quoll dunkel das ungekämmte Haar – es hing in die eigensinnig gewölbte Stirn herab, unter der man kleine, blutunterlaufene Maulwurfsaugen sah; sie blickten besorgt und flehend.

»Du wirst ertrinken!« sagte man ihm.

»Ich? Nie im Leben! Laßt mich, Freunde! Laßt ihr mich nicht, dann bring ich ihn um! Kaum sind wir in Simbirsk, bring ich ihn um . . .« – »So hör schon damit auf!« – »Hach, Freunde . . .«

Er breitete langsam die Arme aus, sank auf die Knie, berührte mit den Händen das »Kontorhäuschen« – er sah dabei wie ein Gekreuzigter aus – und wiederholte: »So laßt mich doch meinem Unglück entgehen!«

Seine sonderbar tiefe Stimme hatte etwas Erschütterndes, die ausgebreiteten Arme, lang wie Ruder, zitterten, die Handflächen waren nach außen gekehrt. Auch sein vom zottigen Bart umrahmtes Bärengesicht zitterte, die blicklosen Maulwurfsaugen traten als dunkle Kügelchen aus den Augenhöhlen hervor. Eine unsichtbare Hand schien seine Gurgel gepackt zu haben und ihn zu würgen.

Die Männer wichen schweigend zurück. Er stand schwerfällig auf, nahm das Bündel vom Deck und sagte: »Habt Dank!«

Dann trat er an den Schiffsbord und sprang überraschend leicht in den Fluß. Auch ich stürzte zum Bord und sah, wie Petrucha mit dem Kopf schlenkerte, sich das Bündel wie eine Mütze aufstülpte und quer zur Strömung aufs sandige Ufer zuschwamm, wo, vom Winde bewegt, die Sträucher sich ihm entgegenneigten und gelbe Blätter über das Wasser streuten.

Die Männer sagten: »So hat er sich also doch überwunden!«

Ich fragte: »Ist er von Sinnen?«

»Weshalb denn? Nein, er tut es um seines Seelenheils willen . . .«

Petrucha hatte bereits eine seichte Stelle erreicht, stand bis zur Brust im Wasser und schwenkte das Bündel über seinem Kopf.

Die Matrosen riefen ihm nach: »Leb wooohl!«

Jemand fragte: »Was macht er denn nun – ohne Paß?«

Ein rothaariger, krummbeiniger Matrose erzählte mir, ohne sich lange bitten zu lassen: »Er hat in Simbirsk einen Onkel, der ist sein Todfeind und hat ihn um alles gebracht, was er besaß. Da hat er sich eben geschworen, den Onkel umzubringen, sich dann aber doch besonnen und seine Seele vor Sünde bewahrt. Er ist wie ein wildes Tier, aber herzensgut! Ein braver Kerl . . .«

Der brave Kerl schritt inzwischen schon auf dem schmalen Sandstreifen und verschwand schließlich hinter den Büschen.

Die Matrosen erwiesen sich als gute Jungen. Alle waren Landsleute von mir, alle alteingesessen an den Ufern der Wolga. Gegen Abend fühlte ich mich unter ihnen wie zu Hause. Doch schon am folgenden Tag bemerkte ich, daß sie mich finster und mißtrauisch anblickten. Ich erriet sogleich, daß Barinow, vom Teufel geritten, den Matrosen allerlei aufgetischt hatte.

»Hast du Geschichten erzählt?«

Er lächelte mich mit Weiberaugen an, kratzte sich verlegen hinter dem Ohr und gab zu: »Ein bißchen – schon!«

»Ich hatte dich doch gebeten zu schweigen!«

»Hab ich ja auch getan, bis mir diese Geschichte einfiel! Wir wollten Karten spielen, aber der Steuermann nahm uns die Karten weg – es wurde langweilig! Da habe ich eben . . .«

Ich brachte durch Fragen heraus, daß Barinow – aus lauter Langeweile – eine höchst spaßige Geschichte zum besten gegeben hatte, an deren Schluß Chochol und ich wie alte Wikinger die Streitäxte gegen eine Schar Bauern schwangen.

Es wäre sinnlos gewesen, sich über ihn zu ärgern. Er sah die Wahrheit nur außerhalb der Wirklichkeit. Eines Tages, als wir auf Arbeitssuche waren und am Rande einer Felsschlucht saßen, versuchte er, mir überzeugt und freundlich auseinanderzusetzen: »Die Wahrheit muß man nach seinem Herzen auswählen! Da weidet zum Beispiel drüben hinter der Schlucht eine Herde, ein Hund läuft umher, der Hirte geht auf und ab. Na und? Was weiter? Was hat denn unsere Seele für einen Nutzen davon? Du mußt das alles einfach betrachten, mein Bester: Der böse Mensch – ja, das ist Wahrheit, aber wo bleibt der gute? Den haben sie noch nicht erfunden. Nein!«

In Simbirsk forderten uns die Matrosen sehr unliebenswürdig auf, den Frachtkahn zu verlassen und ans Ufer zu gehen.

»Ihr paßt nicht zu uns«, sagten sie.

Man brachte uns mit dem Boot zu den Anlegebrücken von Simbirsk, und da saßen wir dann mit siebenunddreißig Kopeken in der Tasche auf dem Trockenen.

Wir gingen in eine Schenke, um Tee zu trinken.

»Was fangen wir jetzt an?«

Barinow entgegnete fest: »Wieso – was wir anfangen? Wir fahren weiter!«

Die Strecke bis Samara legten wir als blinde Passagiere auf einem Personendampfer zurück, in Samara ließen wir uns auf einem Frachtkahn anheuern, sieben Tage später erreichten wir fast ohne Zwischenfälle das Kaspische Meer und kamen bei einer kleinen Fischereigenossenschaft in einem schmutzigen kalmükkischen Betrieb in Kabankul-Bai unter.

Anmerkungen

Die Ziffern verweisen auf die Seitenzahlen im Text

9 *Pelmeni* – Fleischklößchen in Teig.

10 *Lavoisier* – Antoine-Laurent Lavoisier (1743–1794), französischer Chemiker, Leiter der Salpeter- und Pulverfabriken; wurde während der Französischen Revolution wegen gewissenloser Bereicherung verurteilt.

Dumouriez – Charles-François Dumouriez (1739–1823), französischer General; wurde zum Verräter an der Revolution und ging im April 1793 zu den Österreichern über.

11 *Harte* – Francis Bret Harte (1836–1885), nordamerikanischer Schriftsteller; schilderte in seinen Kurzgeschichten vor allem das Leben der Goldgräber.

14 *Gorodki* – Geschicklichkeitsspiel, bei dem mit einem Knüppel nach Holzklötzchen geworfen wird, die zu verschiedenen Figuren angeordnet sind.

15 *Gusli* – russisches zitherähnliches Saiteninstrument.

22 *Skobelew* – Michail Dmitrijewitsch Skobelew (1843–1882), General.

25 *Artel* – Hier: Genossenschaft von Arbeitern, die einen gemeinsamen Tisch führen. Oft haben die Angehörigen dieser Artels auch eine gemeinschaftliche Kasse und wohnen zusammen.

29 *Skopzen* – Angehörige einer im 18. Jahrhundert entstandenen Sekte, die besonders in den Gouvernements Orjol und Tambow verbreitet war. Sie sahen die einzige Möglichkeit, die Seele zu retten, in der Bekämpfung des Fleisches, der Kastration. Nach russischem Gesetz wurde die Zugehörigkeit zu dieser Sekte mit der Verbannung nach Sibirien bestraft.

Lawrow – Pjotr Lawrowitsch Lawrow (1823–1900), Soziologe und Publizist, führender Ideologe der bürgerlich-demokratischen Volkstümlerbewegung.

Pissarew – Dmitrij Iwanowitsch Pissarew (1840–1868), Literaturkritiker und Publizist, revolutionärer Demokrat.

»König Hunger« – In revolutionären Kreisen der achtziger Jahre populäre Broschüre von Alexej Nikolajewitsch Bach, die die Grundlagen der politischen Ökonomie und Soziologie darlegte.

Serafim Sarowski – wahrscheinlich Einsiedler oder Heiliger eines in Rußland bekannten Klosters.

Narodnik – Volkstümler: Angehöriger der russischen revolutionären Bewegung in der zweiten Hälfte des 19. Jahrhunderts, die sich mitunter terroristischer Methoden bediente.

34 *Chochol* – geringschätzige Bezeichnung für einen Kleinrussen.

35 *»Des Volkes Geschick, sein wahres Glück: Freiheit und Licht.«* – aus N.A. Nekrassows Poem »Wer lebt glücklich in Rußland?«

59 *Tschechows ... Erzählung vom Lohnkutscher* – Gemeint ist A. Tschechows Erzählung »Gram«.

65 *Narodowolze* – Mitglied des Geheimbundes »Narodnaja wolja« (Volkswille) der Narodniki, die den individuellen Terror als Kampfmittel gegen den Zaren wählten.

66 *Hinrichtung Generalows, Uljanows* – Nach einem mißglückten Attentat auf Zar Alexander III. im Jahre 1887 wurden die Narodowolzen Generalow und Uljanow, der ältere Bruder Lenins, hingerichtet.

68 *das »Gute, das Wahre, Vernünftige«* – aus N.A. Nekrassows Gedicht »An die Säer«.

71 *Bach* – Alexej Nikolajewitsch Bach (1857–1946), Begründer der sowjetischen biochemischen Schule, früher Volkstümler.

78 *Draper* – John William Draper (1811–1882), nordamerikanischer Physiologe, Chemiker und Philosoph. Gemeint ist wohl sein Werk »History of the conflict between religion and science« (1875).

79 *Josephus Flavius* – (geb. 37 n. Chr.) jüdischer Geschichtsschreiber.

95 *Karonin* – Pseudonym für Nikolai Jelpidiforowitsch Petropawlowskij (1853–1892), Schriftsteller, Volkstümler.

Slatowratskij – Nikolai Nikolajewitsch Slatowratskij (1845–1911), Schriftsteller, Volkstümler.

97 *Buckle* – Henry Thomas Buckle (1821–1862), englischer Kulturhistoriker.

Lyell – Charles Lyell (1797–1875), englischer Geologe.

Lecky – William Edward Hartpole Lecky (1838–1903), irischer Historiker.

Lubbock – Sir John Lubbock (1834–1913), englischer Naturforscher; machte sich verdient um die Erhaltung britischer Altertümer, um das Bank- und Erziehungswesen.

Taylor – Jeremy Taylor (1613–1667), englischer Geistlicher; leistete einen bedeutenden Beitrag zur Entwicklung der englischen Prosa im 17. Jahrhundert.

Spencer – Herbert Spencer (1820–1903), englischer Philosoph und Soziologe, Hauptvertreter des Positivismus.

122 *Filaret* – früher Wassilij Drosdow (1782–1867), Metropolit von Moskau; erfreute sich des besonderen Wohlwollens von Zar Nikolai.

142 *Narodoprawzy* – Mitglieder der den Volkstümlern nahestehenden kleinbürgerlichen Partei »Narodnoje prawo« (Volksrecht), einer 1893 gegründeten illegalen Organisation, die bald von der zaristischen Regierung zerschlagen wurde.

Nachwort

Viktor Schklowskij, der Gorki gut kannte, berichtet von dem »eigentümlichen Ton dem Leben gegenüber«, der in Gorkis Petrograder Haus während der Revolutionszeit herrschte: »Eine ironische Nichtanerkennung des Lebens«.[1]

Etwas von diesem Ton ist schon im Titel *Meine Universitäten* spürbar. Im dritten und letzten Teil seiner Autobiographie geht Gorki gelegentlich mit einer Leichtigkeit und einem Tempo über die bitteren und kränkenden Umstände seines Lebens hinweg, daß es dem Leser den Atem verschlägt. Alexej Peschkows ›Studium‹ beginnt in einem Keller, in dem herrenlose Hunde nächtigen und krepieren; es führt ihn zwar in die konspirativen Kreise revolutionärer Studenten, Volkstümler, Tolstoj-Anhänger und ehemaliger Lehrer, die ihn bereitwillig in ihre Vorstellungen einweihen – aber alle diese Menschen vergessen ihn, sobald er gezwungen ist, in der angeschimmelten Backstube oder anderswo zu verschwinden, um seinen Lebensunterhalt zu verdienen. Um ihn herum sind Armut, Krankheit und Kriminalität. Da verlegt sich der ›Student‹ Peschkow auf's Träumen »von ungewöhnlichen Abenteuern und großen Taten... Je schwieriger die Lebensumstände wurden, desto stärker und sogar klüger fühlte ich mich. Ich begriff schon sehr früh, daß den Menschen sein Widerstand gegen die Umwelt formt«. (Seite 10/11) Es zieht ihn zum Hafen, zu den Schauerleuten, Barfüßlern und Spitzbuben, deren »Zorn gegen das Leben«, deren »spöttisch-feindseliges Verhalten zu allem auf der Welt«, deren »Sorglosigkeit gegen sich selbst« ihm gefallen. Und ausgerechnet in diesem Milieu lernt Peschkow/Gorki etwas, das ihm nicht nur das nackte Leben rettet, sondern ihm seine ungewöhnliche Karriere eigentlich erst ermöglicht: Er entdeckt, wie er es später ausgedrückt hat, »den Wert der Arbeit«. Er lernt, bis zum Umfallen, bis zum Wahnsinn zu arbeiten: »meine Seele war von dem Wunsch erfüllt, das ganze Leben in diesem halbirren Taumel des Tuns zu verbringen«. (Seite 27)

Meine Universitäten entstand 1922, innerhalb von zwei Monaten, während eines Kuraufenthalts im Schwarzwald. Gorki war mit dem Resultat unzufrieden: »Es ist chaotisch, ohne innere Harmonie. Beim Lesen spürt man, daß der Autor es mit dem Erzählen zu eilig hatte und deshalb vieles nachlässig und unvollkommen dargestellt hat... Ich kenne meine Mängel sehr gut, der Hauptmangel ist gerade diese Hast, das Bestreben, möglichst schnell alles zu erzäh-

1 Viktor Schklowskij, *Sentimentale Reise*, Frankfurt am Main 1974

len, was ich gesehen habe, was ich weiß und was mich bewegt... Ich bin mit Lebenseindrücken überladen, ich leide an einer Hypertrophie von Faktenkenntnissen, ich lasse mich von ihrer Ungewöhnlichkeit zu sehr hinreißen, und das macht mich zum Erzähler statt zum Erforscher der Geheimnisse der menschlichen Seele, der Rätsel des Lebens... Ich möchte schreiben können wie Flaubert. Jawohl!«[2] Es ist ein Glück, daß Gorki diesem Ideal in seiner Autobiographie nicht gefolgt ist, denn das erinnernde Erzählen war seine große Stärke, und seinen ›konstruierten‹ Romanen fehlt es häufig an atmosphärischer Intensität und Lebendigkeit der Dialoge.

Weitaus stärker als in den ersten beiden Bänden seiner Autobiographie tritt im vorliegenden letzten Teil die Figur des jungen Peschkow hinter die Fülle der Charaktere, Ansichten, Dialoge und Geschichten, an die er sich erinnert, zurück. Persönliches – wie die ersten Schreibversuche, die erste Liebe – wird nur en passant erwähnt. Entscheidend ist die Perspektive. Hinter den Beobachtungen des Siebzehnjährigen steckt nicht mehr nur kindliche Neugier, bloße Faszination durch Anderes, Fremdes. Bereits der ›Student‹ Alexej fühlt sich innerlich zwischen zwei Lagern zerrissen. »Zwei Realitäten: Volk und Intelligenz. Hundertfünfzig Millionen auf der einen Seite, einige Hunderttausende auf der anderen: Menschen, die einander im Wesentlichen nicht verstehen.« Alexej will von beiden ›Lagern‹ ernst genommen werden und zumindest zu einem dazugehören. Aber: »Nach wie vor wird der Friedfertige und Verhandlungsbereite von der Mehrheit des Volkes wie von der Mehrheit der Intelligenzler als Verräter und Überläufer behandelt.« So stellt es Alexander Block in seinem Aufsatz über Gorki dar.[3]

Peschkow erzählt, wie das ›Volk‹ ihn behandelt: in der Stadt ist es ihm bei allem Elend, bei aller Einsamkeit immer noch besser ergangen als auf dem Land. Der wütende Haß und die Hinterhältigkeit, mit denen die Bauern von Krasnowidowo alles verfolgen, was gegen ihre Gewohnheiten verstößt, scheinen heillos. Mord und Totschlag werden fast zur alltäglichen Begebenheit. Diese Erfahrungen waren traumatisch und sie trugen zweifellos zu Gorkis vernichtendem Urteil über die russische Landbevölkerung bei.[4] Ein Urteil, das ihn zumindest in diesem Punkt zum Apologeten Stalins und zum Befürworter seiner Maßnahmen einer ›Entkulakisierung‹ innerhalb der sowjetischen Gesellschaft machte, denen Millionen von Bauern zum Opfer fielen.

Meine Universitäten endet mit der Ankunft Peschkows am Kas-

2 Gorki an Romain Rolland, 6.11.1923

3 Alexander Block, ›Volk und Intelligenz‹, 1908. In: *Ausgewählte Aufsätze*, Frankfurt am Main 1964

4 Siehe: Maxim Gorki, ›Über die Bauern‹, 1922. In: *Russen in Berlin*, herausgegeben von Fritz Mierau, Leipzig 1987

pischen Meer. Aber warum der Erzähler hier mit seinem Bericht aufhört und nicht etwa mit der Veröffentlichung seiner ersten Erzählung drei Jahre später oder mit dem Augenblick, in dem Gorki endlich zu der Überzeugung gelangte, »daß die Literatur mein Fach ist«[5] – dies scheint nicht ohne weiteres einsichtig. In der Tat aber hatte Gorki lange Zeit vor, seine Autobiographie mit einem vierten Band zu beschließen, der *Im Kreise der Intelligenz*[6] heißen sollte. Diesem sollten autobiographische Erzählungen und Tagebuchaufzeichnungen zugrunde gelegt werden, die 1923 zusammen mit *Meine Universitäten* in einer Fortsetzungsreihe der sowjetischen Zeitschrift *Krasnaja Nov'* abgedruckt wurden. Von den Wanderungen Alexej Peschkows durch die riesigen Provinzen Südrußlands ist hier die Rede. Wie er seinen Unterhalt als Nachtwächter, Waagemeister oder Zugbegleiter verdient, wie er seinen ›Lehrmeister‹, den Schriftsteller Wladimir Korolenko, trifft, oder wie er – mit fatalen Folgen – beginnt, sich mit Philosophie zu beschäftigen. Und wenn er früher mit den Worten »du paßt nicht zu uns« verjagt wurde, so ist es jetzt die Polizei, die ihn wieder auf die Straße treibt, oder seine eigene Ungeduld mit der Passivität, mit der »russischen Bereitschaft zu leiden«, die rings umher herrscht.

Die Fortsetzung seiner Autobiographie gab Gorki zugunsten eines monumentalen Projekts auf, das ihn die letzten zehn Jahre seines Lebens beschäftigte, aber unvollendet blieb: des vierbändigen Romans *Klim Samgin* – ein Versuch, die Entwicklung der russischen Intelligenzija von den neunziger Jahren des vorigen Jahrhunderts bis zur Oktoberrevolution nachzuzeichnen. Es bleibt die Vergangenheit Rußlands, die ihn auch weiterhin in seinen literarischen Arbeiten beschäftigt. »Wir dürfen nicht vergessen«, hatte er 1917 geschrieben, »daß wir alle Menschen des gestrigen Tages sind und daß das große Werk der Wiedergeburt des Landes in den Händen von Menschen liegt, die wegen der lastenden Eindrücke der Vergangenheit im Geist gegenseitigen Mißtrauens, der Nichtachtung des Nächsten und häßlichsten Egoismus' erzogen sind... Unser erbarmungslosester Feind ist unsere Vergangenheit.«[7]

Nur aus der genauen Kenntnis der Vergangenheit heraus seien auch die Aufgaben der Gegenwart zu bewältigen – das war eine Überzeugung, die Gorki noch 1928, nach seiner Rückkehr in die Sowjetunion, verteidigte; als er begann, sich von vielen seiner früheren Äußerungen zu distanzieren, die ihn 1921 in sein zweites Exil

5 Maxim Gorki, *Wie ich schreibe*, 1930
6 Siehe: Helene Immendörfer, Nachwort zu Maxim Gorki, *Autobiographische Romane*, München 1972
7 Maxim Gorki, *Unzeitgemäße Gedanken*, herausgegeben, kommentiert und mit einem Nachwort versehen von Bernd Scholz, Frankfurt 1972

getrieben hatten. Damals hatte Gorki die Oktoberrevolution für einen Fehler der Bolschewiki gehalten. Er mißtraute dem ›Volk‹, und er sah die Gefahr, die in der Mobilisierung der Massen lag. »Unsere Revolution hat allen üblen und tierischen Instinkten, die sich unter dem bleiernen Druck der Monarchie angesammelt hatten, freien Lauf gelassen; gleichzeitig hat sie alle intellektuellen Kräfte der Demokratie, alle moralische Energie des Landes beiseite geworfen... Das ist ein Alptraum, eine echt russische Absurdität.«[8] Seine offene Kritik am Machtanspruch der Bolschewiki und an ihrem Vorgehen gegen die konservative und die liberale Intelligenz des Landes trieb ihn in die politische Isolation. Dennoch gelang es ihm, zahllosen Autoren, Wissenschaftlern und Künstlern das Leben zu retten: direkt, indem er sich für sie bei Lenin einsetzte, und indirekt, durch die Gründung von Verlagen, Instituten, Akademien usw. Gorki wurde zum »Noah der russischen Intelligenz«, wie Schklowskij ihn genannt hat. »In die Archen ›Weltliteratur‹, ›Verlag Grzebin‹ und ›Haus der Künste‹ rettete man sich während der Sintflut. Man rettete sich nicht für die Konterrevolution, sondern damit die gebildeten Menschen in Rußland nicht ausstürben... Ohne diese Zentren wäre die Intelligenz entartet und korrumpiert worden. Die Bolschewisten hätten dann all die bekommen, die nicht gestorben wären – Halunken zwar, aber ihr absolutes Eigentum.«[9]

Vom April 1917 bis zu ihrem Verbot im August 1918 gab Gorki die Zeitschrift *Nowaja Shisn* (Neues Leben) heraus und machte sie zum Forum seines Protestes gegen die terroristischen Formen des Klassenkampfes, gegen die Mißachtung moralischer Prinzipien und traditioneller Werte der Kultur, gegen die Gewöhnung an Grausamkeiten und Gewalt. In *Nowaja Shisn* erschienen die *Unzeitgemäßen Gedanken*, eine Alltags-Chronik der Revolution, die zweifellos zu Gorkis wichtigsten Publikationen zählt. In der Sowjetunion sind die *Unzeitgemäßen Gedanken* seither verboten gewesen. Erst ihre Neuauflage von 1988 hat – für sowjetische Leser – das Aufbrechen des alten Klischees vom ›treuen Weggenossen‹ Lenins und zeitweise auch Stalins möglich gemacht.

Der sowjetischen Regierung von 1921 aber war Gorkis beständige Opposition unangenehm genug gewesen, um ihn, mit Lenins Hilfe, aus dem Land hinauszukomplimentieren. Als offizieller Grund für die Ausreise wurde sein angegriffener Gesundheitszustand angegeben.

Die Hauptstationen seines Exils wurden Berlin, Karlsbad in Böhmen und, ab 1924, das italienische Sorrent. Gorki spielte von nun an die Rolle eines Vermittlers – zwischen Ost und West, zwischen Sowjetrußland und den russischen Emigranten, die noch an Rück-

8 ebenda.
9 Viktor Schklowskij, op. cit.

kehr dachten. Mit Angriffen auf die sowjetische Regierung hielt er sich zurück – er hoffte auf ihre Veränderung zum Positiven. Es wurde eine Zeit intensiver literarischer Tätigkeit. Aus der Ferne betreute er junge sowjetische Autoren und eigene, verlegerische Projekte, die er noch vor seiner Ausreise initiiert hatte. Mit der Zeit aber fühlte Gorki sich isoliert. Die Entfernung von Rußland schien seiner Opposition den Sinn genommen zu haben. »Zuviel Fremdes, ja Feindseliges enthielt das neue Nachkriegs-Europa für ihn, zu groß war das Verlangen nach einer ganzheitlichen Weltanschauung, wie sie ihm vor fünfundzwanzig Jahren die Sozialdemokraten (mit Lenins Hilfe) vermittelt hatten und ohne die er sich eine Existenz nicht vorstellen konnte. Allmählich kristallisierte es sich heraus: Nur auf *dieser* Seite gibt es Leute, mit denen er grundlegende Gemeinsamkeiten hat, nur *dort* kann er sich als Schriftsteller davor bewahren, in Vergessenheit, in Einsamkeit, in Not zu geraten. Die Angst, ausgerechnet *dort* den Leser zu verlieren, wuchs in ihm, und mit Erregung hörte er sich an, daß man *dort* nun ›unter dem Einfluß von Pilnjak und Majakowskij‹ zu schreiben begänne. Er hatte Angst, daß ihn plötzlich gar keiner mehr brauchen würde.«[10] Dies schrieb in ihren Erinnerungen Nina Berberova, die als junge Journalistin einige Jahre in Gorkis Haus lebte.

Das erste Anzeichen einer Umorientierung Gorkis war seine überwiegend sentimentale Reaktion auf die Nachricht von Lenins Tod. Kurz zuvor, im Januar 1924, hatte er noch an Romain Rolland über den ›intellektuellen Haß‹ geschrieben, der seine Beziehung zu Lenin bestimme. Mit Lenin aber starb auch ein Gegner *in gemeinsamer Sache*, dem er trotz allem vertraut hatte. Nach dessen Tod schien er sich verpflichtet zu fühlen, das Leninsche Werk als eine Art Erbverwalter fortzuführen.

Vier Jahre später kehrte Gorki zum erstenmal nach Moskau zurück. Der Empfang war triumphal: jubelnde Massen, Festsitzungen, Ehrungen quer durch die Union. Stalin ließ Gorki unverzüglich zum Klassiker der proletarischen Literatur erklären, er machte ihn zum ›Vater der Sowjetliteratur‹, zum lebenden Mythos. Straßen, Plätze, Institute, Schiffe, eine ganze Stadt wurde nach ihm benannt, bis aus dem Namen Gorki nurmehr ein Markenzeichen für biedere, sowjetische Alltagskultur geworden war.

Ob Gorki begriff, in welchem Maße er mißbraucht wurde, ist unklar. Er war aufrichtig beeindruckt von den ungeheuren Veränderungen im Land, vom technischen Fortschritt, von den Verbesserungen der Arbeits- und Lernbedingungen – das beweist seine Publizistik dieser Jahre. Aber er schrieb auch – scheinbar naiv – über die Existenz von Arbeitskolonien und Straflagern, wie den berüchtigten Solowezker Inseln, und es fällt schwer zu glauben, daß Gorki

10 Nina Berberova, *Ich komme aus St. Petersburg*, Düsseldorf 1990

tatsächlich von ihrem »guten Zustand« und ihrer »pädagogischen Funktion« überzeugt war. Auch in diesen Jahren hat Gorki vielen Menschen geholfen, die politisch unter Druck gesetzt oder ›ausgeschaltet‹ werden sollten. Aber seine gelegentlichen Zeichen, daß er die glänzenden Fassaden, die man ihm vorführte, als Fassaden durchschaute, waren für einen Mann seiner Position und seiner Möglichkeiten allzu schwach und vorsichtig gesetzt. Gorki war sicherlich nicht nur das Opfer politischer Intrigen, sondern auch seiner eigenen Illusionen. Sein Briefwechsel mit Romain Rolland, dessen sowjetische Publikation in Vorbereitung ist, wird einiges zur Klärung dieses Sachverhalts beitragen können.

Es gibt verschiedene Berichte von Augenzeugen über Gorkis Verschlossenheit und Einsamkeit während seiner letzten Lebensjahre – darüber, wie er systematisch isoliert, abgeschirmt und überwacht wurde. In Romain Rollands *Moskauer Tagebuch* von 1935 heißt es: »Der alte Bär trägt einen Ring durch die Nase«. – Gorki starb im Sommer 1936. Tagebücher und unveröffentlichte Manuskripte, die man bei ihm fand, wurden auf Stalins Befehl vernichtet. Jagoda, Chef der GPU, soll nach ihrer Lektüre gesagt haben: »Und wenn man den Wolf noch so gut füttert, er wird nicht aufhören, nach dem Wald zu verlangen.«[11]

Gisela Erbslöh

11 Tamara Motyljowa, ›Tragedija Gorkogo‹, In: *Moskovskije Novosti Nr. 4*, 28. 1. 1990.